ユニバーサルデザインの学級づくり・授業づくり

12か月のアイデア事典　小学校1年

- ☑ 仲間づくりSST
- ☑ 生活場面の指導
- ☑ 教科の授業づくり
- ☑ 保護者対応の工夫

上野 一彦 監修
日野 久美子・『LD, ADHD&ASD』編集部 編著
(編集長＝笹森洋樹)

明治図書

監修のことば～シリーズ刊行にあたって～

　UDと聞いてユニバーサルデザインの略だと答えられる教師が教育界では増えてきました。それどころか，画一的な教育の中で落ちこぼしやすい子供を前に，明日を変えるかもしれない重要な言葉だと意識する教師が多くなってきたことを実感します。かつては，バリアフリーという用語の中で，障害に対する特別な配慮，みんなと一緒にやっていくための支援といったとらえ方が強かったのですが，今やUDへの配慮はすべての子供にとっても必要な，わかりやすい授業の原点であるという考え方が浸透してきています。

　私は発達障害と呼ばれる子供たちと長く付き合ってきて，この子供たちを障害というグループで囲い込むのではなく，並外れた個性を有する子供たちだと考えることの大切さを教えられました。一人一人の個性を大切にという人は多いのですが，本当に個性的な子供の個性を人間の1つの特性として理解し，そうした子供たちともとことん付き合える教師はまだまだ少ないと思います。

　『私たちの教え方で学べない子には，その子の学び方で教えなさい』という言葉がありますが，特別な魔法のような教え方を見つけろ，身に付けろと言っているのではありません。学びが容易でない子供を，自分の教え方にはめ込むのではなく，子供に共通する学びのプロセスをその子供の目線から探し求めることの大切さを言っています。それが見えてきたときに，そのことが多くの子供たちの指導に役立つことに気付かされるのです。

　この視線こそ，まさにUDの神髄ではないでしょうか。こうした日々の教育実践の中から，学級づくりや授業づくりを考え抜いている教師とともにこの本を世に送ります。UDは単なる結果ではなく，そのプロセスを貫く背骨だと思います。

監修者　上野　一彦

はじめに

　特別支援教育が対象とするのは，すべての子供です。通常の学級の子供も含め，子供に教育的ニーズがあれば，それに応じた対応を合理的配慮として考えるようになりました。

　今から二十数年前，私が勤務していた小学校では文部省（当時）指定による「学習障害」に関する研究に取り組んでいました。まだ「学習障害」の定義もない全くの手探り状態の中で得られたのは，「どの通常の学級にも，知的には遅れがないのに一斉授業だけでは理解ができずに困っている子供がいる」「このような子供への学習を保証するために，その実態把握に応じた支援・配慮を取り入れた一斉授業が必要である」「このような取り組みは，対象の子供だけでなく周りのすべての子供にとっても大変効果的である」という，現在の特別支援教育やユニバーサルデザインの基本的な考えにもつながることでした。それ以降も，「学級づくり・授業づくりには，子供の実態を客観的・科学的にとらえることや，教師の視点だけでなく子供の視点による指導の実践と評価が大切である」ということを，出会ったたくさんの子供たちに教えられてきました。

　やがて，特別支援教育が浸透する中で，発達障害を筆頭に様々な教育的ニーズをもつ子供への指導や支援の在り方が，教育現場の中で語られるようになりました。子供の教育的ニーズは，「学校という環境」によって大きく左右されます。これには教室環境や設備・教材などの物的なものだけでなく，担任をはじめとする教師，友達などの人的なものも含まれます。したがって，ユニバーサルデザインによる学級づくり・授業づくりでは，この双方を整えていくことが大切なポイントだと言えるでしょう。

　本書は，若いけれども何度も1年生の学級担任を経験している先生や，いろいろな子供への関わりや保護者対応などにも経験豊富なベテランの先生方と一緒に作りました。この本を手に取られた先生方にとって，どのような内容を取り上げると役に立つのかということについて，1年生の1年間の学校

生活を見通しながらみんなで検討しました。学級づくり・授業づくりの8つ
のポイントとともに，入学間もない4月から2年生への進級を控えた3月ま
での月ごとの具体的な実践例を挙げました。季節や時候とともに子供の姿や
その成長ぶりを思い浮かべながら読んでいただければ幸いです。

　また，本書では「個別の配慮」や「苦手さのある子への配慮」という項目
がたくさんの実践例に付けられています。これらは，ＬＤやADHD，ＡＳ
Ｄといった発達障害と診断された子供だけを対象としているのではありませ
ん。しかし，これらの特性が学校生活の様々な場面でどのような困難さとし
て現れるのか知っておくことは，いろいろな子供の「できないことの背景」
や「できないことの辛さ」を子供の側から理解することにつながるでしょう。
また，教師としてこのようなとらえ方をすることができれば，効率的・効果
的な手立ての準備につながると考えます。このようなことを目指して，執筆
者の先生方とともに子供の困難さとそれに応じた配慮を考え，特に「授業づ
くり」の実践例をはじめとして私も具体的に記述しています。

　本書に挙げたたくさんの実践例の中には，先生方が既に実践されているも
のもあれば，新たな実践の参考になるものがあるかもしれません。たとえ上
手くいかなくても，「子供は一人一人違う」「学級集団はみんな異なる」ので
すから，「この方法は，今のこの子供には適当ではなかったのだ」と評価し
た後は，新たな関わりや対応を考えましょう。教師としての自分の感覚と子
供の成長を信じて，目の前の子供に柔軟に向き合ってほしいと思います。

　小学1年生は，学校という集団生活の入り口にいる子供たちです。これか
ら始まる長い学習活動や対人関係における入門期が，どの子供にとっても楽
しい時間であるようにと願っています。

2018年3月

　　　　　　　　　　　　　　　　　　　　編著者　日野久美子

もくじ

監修のことば　3

はじめに　4

1章　小学校1年　学級づくり・授業づくり基礎基本

1　1年生の子供を理解する……………………………12

2　どの子も包み込むあたたかいクラスをつくる　……14

3　どの子もできる！わかる！授業を行う　……………16

4　クラスを支える学校の仕組みを活用する　…………18

2章　ユニバーサルデザインと特別支援教育の視点でつくる　学級づくり・授業づくり8のポイント

1　**場所：教室の環境整備**
　　整理整頓すっきりした教室づくり　………………22

2　**時間：見通しの工夫**
　　「いつまでに」「何をする」を明確にするアイデア　……24

3　**友達：集団のルールづくり**
　　教室で育てるソーシャルスキル　…………………26

4　**規範：授業のルールづくり**
　　聞く姿勢や，話し方を明確に示すアイデア　………28

5　**教授：ほめる・叱る工夫**
　　子供のよい行動を引き出すポイント　……………30

6　**教授：指示・説明の工夫**
　　簡潔に，具体的に，見てわかる伝え方　……………32

7　**グッズ：教材・教具・ICTの活用**
　　子供の学び方に応じた工夫　………………………34

8　**保護者：保護者対応の工夫**
　　保護者の思いに寄り添う姿勢　……………………36

3章 ユニバーサルデザインと特別支援教育の視点でつくる
学級づくり・授業づくり12か月のアイデア

4月

- **クラスづくりの要所**
  安心感をもってスタートを ································· 40
- **仲間づくり SST**
  あしさきビーム！ ································· 42
- **生活場面の指導**
  元気を分け合う登下校にしよう ································· 44
- **授業づくり−国語**
  スピーチ活動「クイズトーク」をしよう ································· 46
- **授業づくり−図画工作**
  「すきなものなあに」好きな物を描いてみよう ································· 48
- **保護者対応の工夫**
  「電話」や「連絡帳」を手軽に上手に使いこなそう ································· 50

5月

- **クラスづくりの要所**
  トラブルへの適切な対処 ································· 52
- **仲間づくり SST**
  声ちゃんねるゲット ································· 54
- **生活場面の指導**
  トイレの使い方を押さえておこう ································· 56
- **授業づくり−国語**
  「はなのみち」かぎがどこに入るか押さえよう ································· 58
- **授業づくり−道徳**
  「わがままなきもち」みんなが気持ちよくなるためにどうしたらよいか考えよう ······ 60
- **保護者対応の工夫**
  保護者の子育てに寄り添おう ································· 62

6月

- **クラスづくりの要所**
  相手も自分も大切に ································· 64
- **仲間づくり SST**
  わになっておどろう！ ································· 66
- **生活場面の指導**
  雨の日は室内で楽しく過ごそう ································· 68
- **授業づくり−国語**
  「くちばし」仲間はずれの文はどれか考えよう ································· 70

もくじ **7**

- **授業づくり－学級活動**
  「からだをきれいに」おふろでぴかぴか ……………………………… 72
- **保護者対応の工夫**
  家庭訪問で保護者とつながろう ……………………………………… 74

7月 8月

- **クラスづくりの要所**
  認め合いで1学期のまとめを ………………………………………… 76
- **仲間づくり SST**
  あいさつリレー ………………………………………………………… 78
- **生活場面の指導**
  基本的な習慣が身に付く給食時間にしよう ……………………… 80
- **授業づくり－国語**
  「おおきなかぶ」かぶを引っぱったのは誰だろう ……………… 82
- **授業づくり－算数**
  「10よりおおきい数」工夫して数えよう ………………………… 84
- **保護者対応の工夫**
  通知表を活用して学校での姿を伝えよう ………………………… 86

9月

- **クラスづくりの要所**
  仕切り直しをチャンスに …………………………………………… 88
- **仲間づくり SST**
  なかまをさがせ！ …………………………………………………… 90
- **生活場面の指導**
  時間を意識した学校生活を取り戻そう …………………………… 92
- **授業づくり－国語**
  「うみのかくれんぼ」何がどのように隠れている？ …………… 94
- **授業づくり－音楽**
  「いろいろなおとをたのしもう」めざせ鍵盤ハーモニカ名人！ … 96
- **保護者対応の工夫**
  学級通信を活用して保護者に情報を伝えよう …………………… 98

10月

- **クラスづくりの要所**
  集団で動く楽しさを ………………………………………………… 100
- **仲間づくり SST**
  好きなことベスト3！ ……………………………………………… 102
- **生活場面の指導**
  次の授業準備がサッとできる道具管理の工夫をしよう ……… 104

- 授業づくり－国語
  「くじらぐも」どんなお話かあらすじをつかもう ……………………… 106
- 授業づくり－特別活動
  「学級を楽しくしよう」学級会を開こう ………………………………… 108
- 保護者対応の工夫
  授業参観で安心と信頼を得よう ………………………………………… 110

11月

- クラスづくりの要所
  自主性をもった集団を目指して ………………………………………… 112
- 仲間づくり SST
  一本フラフープ！ ………………………………………………………… 114
- 生活場面の指導
  一人一役！することがわかる当番活動にしよう ……………………… 116
- 授業づくり－国語
  「じどう車くらべ」クレーン車の仕事とつくりを説明しよう ………… 118
- 授業づくり－算数
  「ひきざん」何から引いたらいいのか考えよう ……………………… 120
- 保護者対応の工夫
  個人面談の工夫 …………………………………………………………… 122

12月

- クラスづくりの要所
  寒さに負けないエネルギー ……………………………………………… 124
- 仲間づくり SST
  まねっこゲーム！ ………………………………………………………… 126
- 生活場面の指導
  どこ，何で，誰と，どれくらいが明確な掃除の指導をしよう ……… 128
- 授業づくり－国語
  「ずうっと，ずっと，大すきだよ」お話のよいところを話そう ……… 130
- 授業づくり－音楽
  「いろいろなおとをたのしもう」耳をすまして聴いてみよう ………… 132
- 保護者対応の工夫
  保護者会後は楽しくすっきりしてもらおう …………………………… 134

1月

- クラスづくりの要所
  ２年生への見通し ………………………………………………………… 136
- 仲間づくり SST
  なかよしふくわらい ……………………………………………………… 138

もくじ **9**

- **生活場面の指導**
  1日の見通しがもてる朝の会の指導にしよう ……………………… 140
- **授業づくり－国語**
  「たぬきの糸車」おかみさんになったつもりで日記を書こう ……………… 142
- **授業づくり－生活**
  「新しい1年生を迎えよう」どうしたらわかりやすいかな？ ……………… 144
- **保護者対応の工夫**
  授業・行事への協力のお願いをしよう ……………………………… 146

2月
- **クラスづくりの要所**
  できていることの確認 ………………………………………………… 148
- **仲間づくり SST**
  どんまいなわとび ……………………………………………………… 150
- **生活場面の指導**
  翌日への希望につながる帰りの会にしよう ……………………… 152
- **授業づくり－国語**
  「どうぶつの赤ちゃん」なきごえを入れよう ……………………… 154
- **授業づくり－体育**
  「ボール蹴りゲーム」いろんな的をねらって遊ぼう ……………… 156
- **保護者対応の工夫**
  ケガ・病気・トラブルは迅速に対応しよう ……………………… 158

3月
- **クラスづくりの要所**
  希望に満ちた「もうすぐ2年生」………………………………… 160
- **仲間づくり SST**
  思い出バスケット ……………………………………………………… 162
- **生活場面の指導**
  2年生へステップアップできる1年間のふり返りをしよう ……………… 164
- **授業づくり－国語**
  「たんぽぽ」ぴったりの名前を考えよう ………………………… 166
- **授業づくり－生活**
  「もうすぐ2年生」1年間をふり返ろう ………………………… 168
- **保護者対応の工夫**
  保護者からの相談・要望や苦情には校内で相談しながら対応しよう ……… 170

おわりに　172

参考文献／執筆者紹介　174

1章

小学校1年 学級づくり・授業づくり 基礎基本

1 1年生の子供を理解する

発達段階への配慮

1 園と学校の違いに戸惑う1年生

　本来子供は自分の興味関心に応じて自由に動き回り，その五感をフル活用して様々なことを直接自分の中に取り込みながら学んでいく存在です。入学前の園生活においては，このような個々の欲求をできるだけ大切にして子供の成長を促しています。これを受けて小学校では，「個」の成長を社会での自立につなげるため，集団の中でさらに伸ばしていくことを目指しています。

　したがって，集団を構成するための「規律・ルール」にスムーズに順応できるかどうかが，1年生の大きなポイントです。生まれながらの特性や育ってきた環境，その結果体験してきた事柄も様々に異なる子供が，同じ教室（場），同じ生活リズム（時間）によって決められた「学校」という枠の中で，大きな戸惑いや混乱を感じるのは当然です。子供一人一人が抱くこの違和感を子供側の視点から感じ取ることが，子供理解につながります。

2 ねらいを絞って，確実な学びにつなげる

　1年生になると，学習指導要領によって学習内容や目標が定められた教科学習が始まります。また，「わかったか・わからなかったか」「できたか・できなかったか」といった尺度による評価は，子供自身の自己評価に直結し，その後の学習に対する意欲にも関わってきます。

　1年生は入学までの体験や知識の差が大きいだけに，教師の予期せぬ言動をとることもあります。このような中で一つ一つの学習を確実に身に付けさせるためには，それらの言動に柔軟に対応しながらも，教師が「この授業のねらいはこれだ」と焦点をはっきり絞って1時間の授業を展開することが大切です。「勉強するって楽しいな」と子供が感じられる時間であることを，

第一に考えたいものです。

3 友達とつなげる

　入学当初の1年生にとって，学校という新しい環境の中で一番頼りになるのは学級担任です。やがて少しずつ友達とのつながりも強くなっていきますが，その関係づくりには，大きな個人差があります。なかなか友達の中に入っていけない子供には，教師が間に入って仲間づくりのモデルを示してやりながら「友達とつながることの心地よさ」を味わわせてやることが必要な時期だと考えましょう。

　また，周りの状況を把握する力も弱いため，自分の思いを優先した行動もまだまだ見られます。「相手」を意識させながら自分の行動をふり返らせることは，集団への所属感を高めるために有効です。さらに，学級全体の子供に「過ごしやすい集団であるために必要なルール」を教えることも，子供の学校生活に対する安心感につながる大切な学びです。

4 この学年の個別の配慮のあり方

　はじめは学校生活に戸惑いを感じていた子供も，やがて少しずつ落ち着いて学習に取り組めるようになります。しかし，発達障害などの特性をもつ子供は，慣れるまでに時間がかかったり，他の子供よりも多くの失敗を体験したりすることがあります。不要な失敗体験を減らすためには，どのような配慮が有効だったか，園との連携は欠かせません。また，幼い1年生は，家庭環境によっても学校生活が大きく左右されます。保護者の不安が子供に影響していることもよくあることです。家庭との連携では，保護者の悩みがどこにあるのか，その心情に寄り添いながら向き合うようにしましょう。

　入学後の学校における配慮事項のヒントは，子供が楽しそうに活動する場面の中に隠されています。それを見付けることのできる柔軟な視点を鍛えましょう。そして，学校生活がスタートしたばかりの子供の成長を，焦らずにじっくり見守っていく姿勢を大切にしましょう。　　　　　　　　（日野久美子）

2 どの子も包み込むあたたかいクラスをつくる

1 あたたかいクラスづくりを考えるにあたって

　「あたたかいクラス」と聞いたとき，どんなことが思い浮かぶでしょうか。おそらく，「子供たちが仲よしで，仲間への思いやりややさしさに満ちたクラス」というイメージが一般的だと思います。実際，小学校では，「友達と仲よくしましょう」「友達にやさしく」といった言葉が日常的に言われ，あたたかさに満ちた学級集団づくりは生徒指導の大きな目標とされています。にもかかわらず，いじめの問題が後を絶たず，学級に適応できずに不登校に陥る子供も多くいます。こうした現状から，単なるやさしさや思いやりなどの言葉にとどまらない，新たなクラスづくりの取組が必要とされています。

2 あたたかいクラスづくりとは

　友達へのやさしさや思いやりは大切なことです。また，子供たちは皆そうした気持ちをもっています。問題は，なぜ学校生活で子供たちが本来もっているやさしさや思いやりが発揮されないのかという点です。

　その原因は大きく2つ考えられます。1つには，従来の学校教育が集団行動を重視してきた結果，子供たちの中に「皆と一緒でなければいけない」という気持ちがきわめて強いことにあります。そのため，皆と一緒にできない子は周囲から「変な子」と見られてしまいがちであるし，その子自身も集団の圧力を感じてつらい気持ちになってしまいます。2つ目は，従来の学級集団づくりの取組が，生徒指導の側面でのみとらえられてきた点にあります。もちろん生徒指導の視点は大切ですが，これまで見落とされがちだったのが，各学級の授業場面での取組です。子供たちが最も長い時間を過ごすのは授業であり，授業の中で一人一人が大切にされていなければ，いくらソーシャル

14

スキルやエンカウンターの取組を行っても「あたたかいクラス」は絵に描いた餅に終わってしまうでしょう。

　以上から，ここでは「あたたかいクラスづくり」を，「授業を中心とした学校生活のあらゆる場面で，一人一人の子供が尊重され，『個の違い』を子供たちが互いに認め合えるクラスをつくる取組」と定義しておきます。

3　あたたかいクラスづくりは授業づくりから

　本書のタイトルにもあるように，学級づくりと授業づくりは一体のものであり，よりよい仲間関係，あたたかいクラスは，授業の中でつくられると言っても過言ではありません。そのポイントは，次のようにまとめられます。

①授業で教師が，子供一人一人を肯定的に見ている学級

　教師の肯定的な接し方は，子供たちが互いに尊重し合う学級・授業づくりの土台であり，その点で，子供は教師の姿勢を映す「鏡」だと言えます。子供たちには以下の姿勢で接します。

・どんな小さなことでも，子供のよいところを見つけてほめる。
・「できないこと」よりも「できること」に目を向ける。
・子供のわからなさ，間違い，失敗を「いけないこと」ではなく，「成長の糧」「進歩の源」としてあたたかく見つめる多角的な視点をもつ。

②授業中の行動ルールが明示され，みんながルールを身に付けている学級

③授業での間違いや失敗，できなさやわからなさを否定的に見ない学級

　そのためには，「できないことは誰にでもある」「失敗や間違いをおそれない」などの「ものの見方」を教師が子供たちに日常的に語りかけます。

④一人一人の違いに応じた「自分に合った学び方」があってよいとクラスのみんなが理解している学級

　そのためには，子供の学びの実態に合わせた複数の教材や支援グッズを準備し，自己選択させることが必要です。

⑤授業でお互いに教え合ったり，助け合ったりすることができる学級

（花熊　曉）

3 どの子もできる！わかる！授業を行う
授業づくりにおける4つのポイント

1 教科の本質を目標にする

1つ目は，「教科の本質を授業の目標にする」ことが大切になります。

例えば，国語科の本質は「論理」です。「論理的な話し方，論理的な書き方，論理的な読み方」を指導します。4年生「ごんぎつね」では，ごんの心情を読み深めることも大事ですが，同時に，ごんの心情の読み取り方を指導するということです。これを5年生や6年生の教材で活用します。

それぞれの教科では，その本質は何になるか。こうした見極めなしでは，どの子も「わかる・できる」授業の成立もおぼつきません。まずは，教科の本質を見極めることが重要になります。

2 「焦点化・視覚化・共有化」を図る

2つ目には，授業の「焦点化・視覚化・共有化」を図ります。これらは，授業をユニバーサルデザイン化するための視点の一例です（桂，2011）。

「焦点化」とは，ねらいや活動を絞ること。複数の指示をしたり活動が複雑になったりすると，理解が難しい子がいます。ねらいを絞ったり活動をシンプルにしたりするように心がけたいものです。

「視覚化」とは，視覚的な手がかりを効果的に活用すること。音声言語だけでは理解が難しい子がいます。視覚的な手がかりとは，動画，写真，挿絵，センテンスカードなどです。こうした視覚的な手がかりを用いて理解を図ります。ねらいに通じるような効果的な手立てになることが大切です。

「共有化」とは，話し合い活動を組織化すること。全体の話し合い活動だけではなくて，ペアやグループの話し合い活動を設定します。また，モデルになる発言に関連して，その発言のそのままを再現したり，その発言の続きを

想像したり，その発言の意味を話したり，その発言を言い換えたりするように，他の子に仕向けます。単にペアやグループを使えばいいのではなくて，すべての子の問題解決や理解を教師がファシリテーションすることが大切です。

　ちなみに，こうした「焦点化・視覚化・共有化」によって，発達障害の可能性がある子だけではなく，他の子も学びやすくなります。

3　教材に「しかけ」をつくる

　3つ目には，子供が「話したくなる」「考えたくなる」ように，教材に「しかけ」をつくります。例えば，国語には次の10の「しかけ」があります（桂他，2013）。

①順序をかえる	②選択肢をつくる	③置き換える	④隠す	⑤加える
⑥限定する	⑦分類する	⑧図解する	⑨配置する	⑩仮定する

　教材に「しかけ」をつくって提示することで，マンネリの活動が苦手な子も，選択的な注意に難しさがある子も，ついつい能動的に考え始めます。

　「教材のしかけ」は，ねらいを絞ったり，活動をシンプルにしたり，視覚的な手立てになったり，課題や理解の共有化を促したりすることに通じます。つまり，これらの「教材のしかけ」は，「焦点化・視覚化・共有化」の有効な手立てになるのです。

4　学び合いを支える教師の対応力

　4つ目に重要なのは「子供の学び合いを支える教師の適切な対応力」です。話し合い活動では，多様な着眼を引き出したり（拡散），それを整理・整頓（収束）したりします。また，ある子の理解を基点にして，立ち止まりや立ち戻りをします。授業の成否は，ダイナミックに学び合いをアセスメントしつつ，適切に対応できる教師の指導力にかかっています。

（桂　聖）

4 クラスを支える学校の仕組みを活用する

1 ユニバーサルデザインの学校づくり

　学校は地域にとってコミュニティの拠点となる存在であるとともに，子供，保護者，教師を含めどの人にとっても「過ごしやすい学校」「楽しい学校」「この学校で良かったと思える学校」を目指すことが大切であると考えます。特に子供にとっては，学校生活の大半を占める「授業」がわかりやすく，達成感を味わえるものであること，また，教師や友達との良好な人間関係，居場所があるという環境が必要です。そのためには，すべての人が居心地のよい「ユニバーサルデザインの学校づくり」を進めたいものです。

2 学校長のリーダーシップと「チーム学校」

　学校経営のリーダーはもちろん学校長です。ただ，学校が抱える課題は様々あるため，教師一人一人にとって何を重要な課題とするかは異なることがあります。そこで，学校長は年度当初に，「ユニバーサルデザインの学校づくり」を推進するという学校経営の方針を教師や保護者にわかりやすく示し，共通理解を図るようにします。その際には，「ユニバーサルデザインの学校づくり」を推進することによる効果や関連する課題の解決（学力の向上，特別支援教育の推進，教師の授業力向上，不適応児への対応等）についての見通しがもてるように説明をします。

　一方，推進にあたっては，教師一人一人の能力を発揮できるような支援体制の構築や校務分掌の配置，校内委員会の在り方，ミドルリーダーの養成，研修や研究体制の見直し等が必要です。また，特定教師のみが推進するのではなく，学校が1つのチームとして機能することや，関係機関と連携して専門家等を活用するなど，学校体制を常に客観的に評価することが大切です。

3 学校全体の環境整備

「ユニバーサルデザイン」と言うと，スロープや手すり等の整備といった施設・設備におけるバリアフリー化が一番わかりやすいと思います。ただし，障害者，高齢者など特定の人々に対して障壁を取り除くということに限らず，可能な限りすべての人に対して使いやすくするという視点に立って考えます。

また，学校では，わかりやすい教室表示，動線，整理整頓された教室や特別教室，清掃が行き届いた玄関や廊下等，「過ごしやすさ」も大切です。さらに，学習支援員等の人的配置，学びの場の選択等，子供にとって適切な教育環境を整えたり選択したりできるようにすることも重要な環境整備と言えます。特に通常の学級で在学する障害のある子供が，必要な支援を受けられるようにする「合理的配慮」の提供は重要です。そのためには，教師が特別支援教育を十分に理解しなければなりません。

4 居場所づくりと授業づくり

子供が安心して学校生活を送るには，どの子供も学校の中に「自分の居場所」が保障されていなければなりません。また，学校生活のほとんどが授業活動なので，わかりやすい授業づくりは必要不可欠と言えます。

教師は，経験年数や資質によって学級経営力や指導技術が異なるため，教師間での学び合いを大切にした授業研究や学習指導を工夫するなど，これまでの指導方法を見直し，「主体的・対話的で深い学び」の視点でよりよい授業を目指した授業改善を図っていくことが大切です。

また，学級経営では，どの学年・学級も共通して取り組めるような環境整備（掲示の在り方，ロッカーや道具の整理整頓の仕方，学校のルールの指導等）を行い，教師同士がアイデアを出し合い，学校全体で一貫した指導を実践すると，学年の進行や担任が変わることによる子供の戸惑いが軽減されます。まさしく，「ユニバーサルデザインの学校づくり」につながるはずです。

(山口　純枝)

2章

ユニバーサルデザインと特別支援教育の視点でつくる
学級づくり・授業づくり 8のポイント

1 場所：教室の環境整備
整理整頓すっきりした教室づくり

1 ポイント

　小学校の教室には，様々な学習道具や掲示物等があります。1年生にとっては，慣れ親しんだ幼稚園や保育園とは異なる環境です。そこで，子供たちが落ち着いた学校生活を送ったり，集中して学習に取り組んだりすることができるように，「整理整頓すっきりした教室づくり」が大切になります。

2 刺激になる情報を制限する

①教室前面の視覚的な情報を制限する

　授業中に子供に集中して見てほしいのは，まずは前面の黒板です。ところが，黒板の周囲に掲示物等があると，それらに注意を奪われて授業に集中することが難しくなる場合があります。そこで，教室前面の掲示物を必要最小限にしたり，授業中は掲示物をカーテン等で隠したりして，情報を制限します。

②教室内の聴覚的な情報を制限する

　授業中は，教師や友達が話す言葉に注意を向ける必要があります。そのため，教室内の音をできるだけ制限して静かな環境をつくると，子供たちは学習に集中しやすくなります。例えば，机や椅子を引きずる音が出にくくなるように，机や椅子の脚にテニスボールを付けることも有効です。

3 教材や教具等の場所がわかりやすいように整理する

　小学校では，学習のための多くの教材や教具等を使用します。1年生にとって，これらのたくさんの道具を自分で把握したり管理したりすることは難しいことです。そこで，個人で管理する道具を精選したり，教材や教具等を

置く場所をわかりやすくしたりします。

①整理の仕方を絵や文で示す

　入学したばかりの1年生には，机の中の整理の仕方やロッカーの使い方等について教えます。その際，イラストや写真，文などでていねいに示しながら行うとわかりやすくなります。また，週に1度机の中やロッカーを整理する時間を設定します。例えば，持ち帰るものが多くなる金曜日に設定すると有効です。

②毎日持ち帰らない教材等は決まった場所に置く

　算数セットや絵の具道具，鍵盤ハーモニカなどは，毎日家庭に持ち帰らない道具です。これらの道具を個人のロッカーではなく，道具ごとに決まった場所に置くようにします。そうすることで，個人で管理する道具が減り，学習効率の向上にもつながります。

決められた場所に整理

③机を配置する位置に印を付ける

　子供の日頃の通行や，教師の机間指導をスムーズに行えるようにするために，教室の床に，机を配置するための印を付けることも効果的です。いつもの配置とグループをつくるときの配置で色を変えて印を付けるなどの工夫も考えられます。

4 個別の配慮

　整理整頓が苦手でいつも机の周りに持ち物が散乱している子供がいます。まずは，「○○くんコーナー」や「○○くんボックス」など，自分の持ち物をひとまとめにして管理するという空間を作ってみましょう。そこから「プリントは毎日チャック付きの入れ物に入れて持ち帰る」「決まった場所に片付ける道具を一つずつ増やす」などのスモールステップで取り組ませます。小さな行動の変容とともに子供の達成感を高めるようにしましょう。

　　　　　　　　　　　　　　　　　　　　　　　　　　（伊東　一義）

2 時間：見通しの工夫
「いつまでに」「何をする」を明確にするアイデア

1 ポイント

　小学校では，時間割に基づいて様々な活動に取り組みます。1年生にとって，「もっとやりたい」「もうやりたくない」と思っても，「学校全体で決められた時間に沿って活動する」ことを優先させなければならなくなります。そのため，子供たちがいろいろな活動に見通しをもって取り組むことができるように，「いつまでに」「何をする」を明確にすることが大切です。

2 タイマーなどを活用して時間の区切りがわかるようにする

　活動の内容を知らせるときには，時間についての見通しも合わせてもてるような指示の出し方を心がけましょう。特に，活動の終わりがわからないと，集中力が欠けたり，時間を計画的に使えなかったりすることがあります。

タイムタイマー

　時計の読み方を習得していない1年生には，残りの時間が視覚的にわかりやすいタイマーを使用すると，終わりの見通しがついて，活動に集中して取り組みやすくなります。

　算数科で時計の学習をした後は，時計を使って時間の区切りを示すことも有効です。算数教材の大きな時計を黒板に貼っておき，授業の開始時間や休み時間の開始時に，活動の終わりの時間を示します。繰り返すことで，声を掛けなくても，子供たちは時計と黒板の教材を見比べて，活動を切り替えることができるようになっていきます。

3 活動の流れやポイントを示す

①授業のはじめに学習活動の流れを提示する

　子供たちは授業内容に見通しがもてると，次に何をすればよいかが明確になり，意欲的に学習に参加することができるようになります。そこで，授業のはじめに学習活動の流れをホワイトボード等に箇条書きにして，今取り組んでいる活動内容を示します。

②当番や係活動の手順をわかりやすく示す

　小学校では，当番や係活動を通して，望ましい人間関係を形成し，集団の一員としてよりよい生活づくりに取り組みます。

　日直は全員が経験をする当番です。１年生にとっては，複数の活動内容を把握することが難しく，すべての活動に取り組むことができないことも考えられます。そこで，日直コーナーを設定し，カード等で活動内容を掲示します。それぞれの活動を終えるたびに裏返しにし，すべての活動が終えると「おつかれさまでした」「がんばりましたね」などの文字に変わるようにします。日直コーナーに掲示しているため，クラス全員で確認することができ，活動内容を忘れることが少なくなります。同様に，係活動についても，活動の手順やマニュアルを掲示すると有効です。

4 個別の配慮

　活動内容や場所・時間などの変更がとても苦手な子供がいます。特に運動会や文化発表会等の学校行事の練習期間では，やっと慣れてきた学校の生活リズムが乱されて混乱することもあるでしょう。そこで，直前だけはなく一週間前には，「次の月曜日はこのような時間割です」と前もって計画内容を伝えましょう。どうしても落ち着かない場合の対応について，本人や保護者と事前に話し合っておくことも大切です。

（伊東　一義）

2章　学級づくり・授業づくり8のポイント　**25**

3 友達：集団のルールづくり

教室で育てるソーシャルスキル

1 ポイント

　小学校では，幼稚園や保育園よりも人間関係が広がり，集団で過ごすことが多くなります。集団では，あいさつなどの人間関係の基本となるスキルや仲間の入り方などの仲間関係を維持するためのスキルが必要です。このようなよりよい人間関係を築く力を，子供の発達段階に応じて意図的に集団の中で育てるようにしましょう。

2 授業を通してソーシャルスキルを指導する

　「対人関係を円滑にするための知識と技術」をソーシャルスキルといい，学校教育の授業の中でも計画的に取り組むことができます。

①ソーシャルスキルに関する子供の実態を把握する --------------------

　授業の前に子供たちのソーシャルスキルについての実態を把握しましょう。一般的には質問紙による調査なども考えられますが，この時期の子供には難しいでしょう。教師が日頃の様子をよく観察し，どのようなスキルについて授業で取り組むのかを決めます。個人の振る舞いや態度だけに焦点を当てるだけでなく，その集団全体の人間関係をとらえることが大切です。

②年間を通した指導計画を考える -------------------------------------

　1年生という発達段階は，自己中心的な行動を示すことが多く，相手の立場に立って客観的に思考することが難しいことがあります。そこで，1学期は「自分の気持ちに気付く」，2学期は「相手の気持ちを考える」のように，段々と人間関係を広くしていくような指導計画を考えるのもよいでしょう。

③ソーシャルスキルトレーニングの基本的な流れで授業を組み立てる ---

　ソーシャルスキルの指導として，「わかる：導入の工夫（言葉や絵カード

26

で教える，見て学ぶ）」「やってみる：モデリング・リハーサル（実際に練習してみる）」「ふり返る：フィードバック（子どもの行動を評価する）」という基本的な流れがあります。まずは，これらの教え方で授業を組み立ててみると取り組みやすいでしょう。

3 スキルを授業以外の場で使えるようにする

　学習したスキルを実際の生活場面で使えるようにすること（般化）が大切です。そこで，「チャレンジ週間」などを設定し，帰りの会に学習したスキルを使った場面を毎日数名ずつ紹介したり，チャレンジシートに１日をふり返らせたりします。また，学級通信などを活用し，家庭でも取り組むように働き掛けます。

チャレンジ1：朝の会の「ほめほめタイム」をふりかえりましょう。			
月/日	/	/	/
ほめたあい手			
ポイントをつかって　あたたかいことばがけをすることができたか。できたポイントのかず 3〜4こ◎,1〜2こ○,0こ△			

チャレンジ2：ポイントを使ってあたたかいことばがけをしたことをきろくしましょう。			
月/日	/	/	/
あたたかいことばをかけたあい手			
ことばをかけた場めん			

チャレンジシート

　教師の言葉掛けによるフィードバックは大変効果的です。普段の授業や生活で，子どもがスキルを使った際は，すぐにほめるようにしましょう。また，誰にでも得意・不得意があることを知らせたり，助け合いや認め合いの場を意図的に設定し互いのよさを見付けやすくしたりしましょう。個性や違いを認め合えるあたたかい学級の風土づくりにつながります。

4 個別の配慮

　イメージする力が弱いために場の状況をつかむことができず，自分の思いや考えを第一優先に考えたり，行動や気持ちの切り替えが難しかったりして，ソーシャルスキルを習得することが難しい子供がいます。まずは，その子供の思いを個別にしっかり受け止めるようにしましょう。そのうえで，ルールや，やり方などを表や絵などを使って視覚的に示しながら，その子供の理解を進めていくようにしてみましょう。

（伊東　一義）

2章　学級づくり・授業づくり8のポイント　**27**

4 規範：授業のルールづくり
聞く姿勢や，話し方を明確に示すアイデア

1 ポイント

　授業では，見たり聞いたりして情報を取り入れて考え，そして，話したり書いたりして表現するという活動を繰り返します。授業中の教室全体が騒がしいと，正確に情報を取り入れることができず，学習に取り組むことが難しくなります。そのため，教師の話や友達の発表等を聞く姿勢を育てることが大切です。また，話し方のルールを明確にすると，自分の考え等を表現しやすくなり，学習に意欲的に取り組むことができるようになります。

2 聞く姿勢を育てる

①聞く姿勢を視覚的に示す

　「ちゃんと聞きましょう」「きちんと座りましょう」と言葉で指導しても，1年生にとってはどのようにすればいいのかわかりにくいものです。そこで，好ましい座り方を絵や写真で視覚的に示します。例えば，「おなかと机のはばは（グー）」「足の裏を床に（ペタ）」「背中を（ピン）」のような合言葉があります。

よい姿勢のポイント

②具体的な表現でポイントを示す

　「おへそやつま先を相手に向けて聞く」「相手の目を見て聞く」など，1年生にもイメージしやすい言葉で聞き方のポイントを示します。また，「聞き方名人あいうえお（相手を見て）（一生懸命）（うなずきながら）（えがおで）（おわりまで）」のように合言葉にして教室に掲示し，いつでも意識できるようにします。友達同士でよい例と悪い例をお互いに見せ合うと，どうすればよいのか体感しやすくなります。

3 話し方のルールを明確にする

①活動の前に声の大きさのレベルを伝える

場に応じた声の大きさについて「声のものさし」を視覚的にわかりやすく示し，具体的に練習しておきます。そして，話合い活動の前には「隣の友達と話すから2のレベルで」「みんなに発表するから3のレベルで」などと，適切な声の大きさのレベルを伝えます。

声のものさし

②話し方（話型）を示す

1年生にとっては，自分の考えを整理して話すことは難しいことです。そこで，発表する時の話し方を，「〜です。どうですか。」「なぜかというと，」「〜さんと似ていて，」などの話型として示したり練習したりしておくと発表しやすくなります。また，聞き方と同じように，「話し方名人　かきくけこ（顔を見て）（聞こえる声で）（口を大きく）（けっして急がず）（言葉づかいに気をつけて）」のように合言葉にして練習することも効果的です。

4 個別の配慮

静かに聞いたり，小さな声で話したりしなければならない時間だとわかっていても，つい自分の言いたいことを大きな声で話してしまって，周りから非難されてしまう子供がいます。授業の前に，「先生があなたを当ててから発表できたらごほうびシール」など，その子どもに応じて「自分で衝動性をコントロールしようとする働きかけ」が必要です。また，「姿勢の維持が難しくなる前に，姿勢を崩してもよい活動を設ける（席を動いてもよい活動等）」「全体で発表をする前に自分の考えをペアやグループで話をする場を設ける」などを取り入れ，その子供が結果的に上手くいく場面をつくりましょう。できたときは，「みんなと一緒にできたね」とすぐに声をかけて，子供の自信につなげていきましょう。

（伊東　一義）

5 教授：ほめる・叱る工夫
子供のよい行動を引き出すポイント

1 ポイント

1年生は，期待と不安を胸に入学してきます。幼稚園や保育園とは違う環境で取り組む様々な活動に，意欲的に取り組む子供もいれば，なかなか取り組むことが難しい子供もいます。そこで，それらの活動に意欲的に取り組むために，自信や興味関心をもたせる必要があります。そのため，子供の発達段階や興味関心に応じたほめる工夫が必要です。また，子供がよくない行動をした際は，よい行動を引き出すために叱ることも必要です。

2 ほめ方を工夫する

①表情豊かに，抑揚を込めて

相手の印象は，話した言葉の内容よりも表情や抑揚などの非言語的な内容で決定されます。そこで，ほめる際は，「近くにより」「目を見て」「声を明るく」「表情を豊かに」「動作を含めて」などを意識すると，子供はよりほめられた気持ちを感じることができます。

②当たり前の行動をほめる・認める

子供は，ほめられることで自信をもち，様々な活動に意欲的に取り組むことができるようになります。そこで，教師にとって「できて当たり前」と思う行動に対しても，ほめたり，認めたりするようにしましょう。例えば，「道具が整理整頓されている」「教師の方を見て話を聞いている」「給食を残さず食べている」などの行動をとらえて，その場ですぐに，「すばらしい」「できているね」などの言葉をかけるようにします。子供は，教師がどのよ

うな行動を望ましいと思っているのかを具体的に理解することができるようになります。

3 叱り方を工夫する

①まずは，「しずかに」「近づいて」「おだやかに」指示を出す ----------

子供がその場に応じた行動をしていないときは，叱ることがあります。しかし，すぐに叱ってはいけません。なぜなら，故意に問題となる行動をしているかどうかわからないからです。そこで，子供の行動の背景を考え，まずは，「○○しましょう」と指示を出します。その際は，大きな声で怒鳴るように言うのではなく，「しずかに」「近づいて」「おだやかに」を意識します。指示した後に，少しでも行動が変容した場合は，すぐにほめましょう。

②叱る基準を伝え，叱るときは毅然と ----------------------------------

叱ることはできるだけ減らしたいものですが，叱ることで子供自身がその行動をふり返り，よい行動を引き出すために必要な場合もあります。まず「自分や友達の心や体を傷つけるときには，先生は厳しく叱ります」のように，わかりやすい基準を明確にしておくことが大切です。子供の注意を引き，視線を合わせ，毅然とした態度で，子供の行動に対して叱ります。正しい行動を示して，子供の意欲を否定しないようにしましょう。

4 個別の配慮

言葉ではわかっていても，同じ行動をつい繰り返してしまう子供がいます。また，言葉だけでは叱られる理由がわかりにくい子供もいます。そこで，絵や文を組み合わせてわかりやすく話し合うようにしましょう。周りが騒がしくなかなか集中できないときには，個別に静かなところで話をすると，落ち着いて自分のことをふり返ったり自分の気持ちを言ったりすることができる場合があります。まずは，集団の一員として，ルールを意識することができるようにすることが大切です。

(伊東　一義)

2章　学級づくり・授業づくり8のポイント　**31**

6 教授：指示・説明の工夫
簡潔に，具体的に，見てわかる伝え方

1 ポイント

　学校生活では，教師が子供に学習をはじめいろいろな活動内容等の指示や説明をする場面が多くあります。1年生にとっては，情報量が多いと内容を正確に理解できなかったり，指示された内容を覚えておくことができなかったりすることがあります。そのため，指示や説明をする際は，「簡潔に，具体的に，見てわかるように」工夫することが大切です。

2 注意を向けさせる

　指示や説明をする際は，まず，それを行う教師に対して子供がしっかりと注意を向けていることが大切です。「書きながら聞く」などのように，何かの活動をしながら話を聞くことは1年生にとって難しいことです。そこで，「えんぴつを置きます」と子供が行っている活動をいったん終わらせてから，「先生を見ます」などと言って注意を向けさせた後，話すようにします。

3 とるべき行動を示す

　「廊下は走りません」「おしゃべりをしません」などの否定的な表現ではなく，「廊下は歩きます」「先生の方を向きます」などの肯定的な表現で話すようにします。そうすることで，子供たちは，今，自分に求められていることがわかりやすくなり，意欲的に活動に参加することができるようになります。

4 簡潔に，具体的に，見てわかるように伝える

①簡潔に伝える --

　「教科書を出して，○ページを開いて，△行を読みます」のように，一文

に複数の指示があると、わかりにくい子供もいます。そこで、「教科書を出します」「○ページを開きます」「△行を読みます」のように、一文に一つの指示になるようにします。また、話す前に「今から三つ話します。一つ目は〜、二つ目は〜、三つ目は〜」のように要点を押さえ、簡潔に伝えるようにします。

②**抽象的ではなく、具体的な表現で伝える**

「ちゃんと掃除をします」「もう少しで終わります」などのように抽象的な表現の指示は、子供にとってわかりにくいものです。そこで、「向こうの壁まで拭きます」「後○分で終わります」などのように具体的な表現で話すと、活動内容がわかりやすくなり、子供は安心して取り組むことができます。

③**見てわかるように伝える**

言葉による説明や指示は、言ったそばから消えてしまい、目で見て確認することができません。そこで、伝えたい内容の要点を黒板やホワイトボードに書くようにします。書いた情報は消さない限り残るため、指示された内容をいつでも確認することができ、子供の安心感につながります。

黒板に示す

5 個別の配慮

記憶力やワーキングメモリーが弱い子供は、全体への指示や説明をしっかり聞いているのに、すぐに何度も聞き返したり、友達のまねをしたりする様子が見られます。活動や制作が最後まで行きつかず完成しないことも多いため、自信を失いがちです。「全体に指示をした後に、話の内容やポイントをもう一度伝える」「話の内容のメモを渡す」「隣の子供のまねをしてよい（モデルとする）ことを伝える」「できているところまでを認めて、次の段階を示してやる」などの配慮が大切です。

（伊東　一義）

7 グッズ：教材・教具・ICT の活用
子供の学び方に応じた工夫

1 ポイント

　1年生になると，幼稚園や保育園とは違って，机に向かって椅子に座り，黒板を見ながら行う学習が本格的に始まります。また，1年生にとっては，与えられた課題に対して，自分の頭の中だけで考えることはまだまだ難しいことです。そのため，発達段階や子供の学び方に応じて教材や教具，ICT を有効に活用することが大切です。

2 板書を工夫する

　黒板は，教室の中で一番目立つ場所にあり，子供たちは黒板にある情報を基に学習に取り組みます。そこで，黒板の使い方を工夫することで，学習に取り組みやすくしましょう。

①板書の様式を決めておく ------------------------------------

　教科によって「日付」「めあて」「まとめ」などを黒板のどこに書くか，その位置を決めておきます。また，1時間の授業の終了時に，その時間の学習内容が板書として完成するようにします。そのようにすることで，授業の内容や流れが明確になり，学習の理解を助けることになります。

②文字の大きさやチョークの色，書く速さに配慮する ------------------

　板書の文字の大きさや行間は，教室の後ろからでも見えやすいものであるかを常に意識します。また，普段の文字は白，大事な言葉は黄色などチョークの色を変えたり，太字や下線，囲み等を用いたりすると，ポイントが明確になります。さらに，子供の書く速さを把握し，それに応じた速さで書くようにします。

　教師の板書する様子が，子供がノートを書くことへのモデルとなります。

34

子供がていねいな文字を書くことを意識することができるように，教師はていねいに板書することを心掛けましょう。

3 教材・教具，ICTの活用

①興味・関心を引き出す

1年生は実物や見本などを見たりさわったりしながら学んでいくことをとても喜ぶ時期です。具体物を提示したり，電子黒板等で資料を拡大したり，学習に関する内容を動画で見せたりすると，楽しんで学習に取り組むでしょう。意欲的に学習に取り組ませるには，まずは，学習内容に興味・関心をもたせることが大切です。

電子黒板

②「わかった・できた」をサポートする

教師や友達の話を聞いても，課題解決に見通しをもつことが難しい場合があります。そこで，課題解決のヒントをワークシートに記入しておいたり，ICT機器で解決の要点を視覚的に提示したりします。子供の理解の様子にしっかりと目を向けて，その場で「わかった・できた」を体験できるように事前に準備することが大切です。

4 個別の配慮

知的な遅れは感じられないのに，周りの子供と比べて聞くことや書くこと，読むことなどにとても苦手さを抱える子供がいます。「書く量を調整する」「鉛筆用グリップなど不器用さを補う文具を準備する」「問題文を読み聞かせて内容を伝える」「単語や文節ごとに線を入れる」「学習用PCで板書を提示し，手元に置いて書き写すことができるようにする」など，道具の工夫や教師が配慮をすることで，「ぼくにもできた」という気持ちを味わわせることを第一に考えましょう。

(伊東　一義)

8 保護者：保護者対応の工夫
保護者の思いに寄り添う姿勢

1 ポイント

　子供たちがよりよい学校生活を送るためには，保護者との連携が欠かせません。1年生の保護者の中には，初めて保護者として小学校に関わる方もいらっしゃいます。そこで，学級づくりや授業づくりなどについて，コミュニケーションを密にし，保護者の思いに寄り添いながら，目標を共有しましょう。

2 目標を共有する

①学校における（長期的な）目標について共有する ------------------

　学校には学校目標があり，それを受けて学年目標や学級目標を設定しています。学校生活全体を見通したうえで長期的な目標がつくられていることを伝えることは，1年生の保護者にとって小学校生活全体の見通しをもつことにもつながるでしょう。学校では，年度初めにPTA総会や学年・学級懇談会が実施される場合が多くあります。これらの会を活用しましょう。また，学校便りや学年・学級便りを通しても，伝えるようにします。

②その時期に応じた（短期的な）目標について共有する ---------------

　「〇月の生活目標」「〇学期の学級目標」など，その時期に応じた目標についても保護者と共有できると，家庭での協力も得やすくなります。「エプロンを着けて給食の準備をしよう」「雨の日も楽しく過ごそう」などのように時期に合ったものにしたり，「大きな声であいさつをしよう」「休み時間は外で遊ぼう」などのように具体的に示したりするようにします。

3 コミュニケーションを密にする

　保護者との連携を図るために，普段からコミュニケーションを密にするこ

とが大切です。そこで，学級便りや連絡帳で，子供の状況について定期的に知らせるようにします。学級便りに子供の学習の様子の写真や，ノートのコピーを掲載したり，学校目標や学年・学級目標に向けて頑張っていることを文章にしたりします。連絡帳でも，子供の頑張りを書いて知らせます。例えば，子供たちを三つのグループに分けて，３日に１回は学校から情報が届くようにします。

　また，教科や行事等について，学習で使用する持ち物の準備や生活科「町探検の学習」の付き添いなどの協力についても，連絡を密にするようにしましょう。協力していただいた学習の様子を学級便りや学級懇談で伝え，保護者とともに子供のよりよい成長を目指す雰囲気をつくりましょう。

4 個別の配慮

　家庭訪問や個人面談など，保護者の方と個別に話をする機会があります。その様なときは，以下のことを意識しましょう。

①傾聴し共感する姿勢 --------------------------------

　「学校のルールをわかってもらう」「子供が困っていることをわかってもらう」のような姿勢ではなく，保護者の話に耳を傾けるようにします。話を聞く際は，あいづちやうなずき，表情を意識し，保護者の考えに対して共感する姿勢を示しましょう。

②子供の長所にスポットを当てる --------------------------------

　話の内容は，子供の短所ではなく，長所を中心にします。子供のよいところを伸ばし，苦手な部分を補うための話になるようにしましょう。

③校内・校外の組織を活用する --------------------------------

　家庭訪問等で得た情報については，プライバシーの保護に留意し，「報告，連絡，相談」を確実に行います。管理職をはじめ，複数の関係職員とも連携を図り，時には，専門機関等を活用することで，よりよい保護者との関係を築きましょう。

（伊東　一義）

3章

ユニバーサルデザインと特別支援教育の視点でつくる
学級づくり・授業づくり
12か月のアイデア

4月 April

クラスづくりの要所
安心感をもってスタートを

1 今月のクラスづくり TODO

☑ 「当たり前」をほめる。
☑ 注意を引き付けてから指示を出す。
☑ 授業の受け方を教える。

2 学校生活

　学校生活の基本的なルールを教えながら，子供との信頼関係をつくってい
く時期です。１年生は，家庭環境や就学前教育，生まれた月などによって，
学力や社会性に大きな個人差があるので，学級全体を指導しながら一人一人
の様子に気を配り，必ずどの子供にも「できて嬉しい」という経験をさせる
ことが大切です。「教室にはいつも，教え，ほめ，助けてくれる先生がいる」
という安心感が，環境の変化に順応するための原動力になります。

3 学級経営の勘所

①「当たり前」をほめながらルールに順応できるように ----------------

　どの子供にも入学時に既にできていることがあります。当たり前をほめる
ことは，入学の段差を低くし，子供の自己肯定感を高めます。個人と学級全
体とをバランスよくほめながら学級のルールに順応できるようにします。

当たり前，既にできていることをほめて─▶	学級のルールに順応できるようにする
元気に歩いて登校できていますね。─▶	8時までに登校できそうかな？
座ってお話が聞けていますね。─▶	先生におへそを向けて聞けるかな？
大きな声でお話できていますね。─▶	ネズミの声の大きさで言ってみようか。

②指示は全体の注意を向けてから

　1年生は視野が狭く，聴覚情報を取捨選択して取り入れる力も未熟で，注意を払える範囲が限られています。指示は，学級全体の注意を担任に向け，静かな中で出すことが大切です。「お話を始めます」「手を下ろしましょう」といったきまり言葉や，「先生が中央のいすに座ったら大切な話が始まる」などのサインを決めると，他のことにそれてしまいがちな1年生の注意を引きつけやすくなります。全員が注目したことを確認したら，短く簡潔な言葉で指示を出します。話が長いと要点がぼやけ，子供の集中が途切れます。口頭での指示に加え，板書や実物の提示等，見てわかるような工夫をします。

③授業の受け方は細分化とモデル提示で

　就学前との最も大きな違いが授業ですので，「授業の受け方」を丁寧に教える必要があります。「着席→教科書を開く→読み始める部分に指を置く……」「ノートを開く→下敷きを敷く→鉛筆を出す……」といったように，45分間の授業に必要な動きを細分化し，それぞれの動作を，モデルを示しながら教えます。その際，全員できたことを確認してから次に移ります。困っていることを知らせる方法も教え，「自分からいつでもSOSが出せる」という安心感をもたせるとよいと思います。

机に置く
意思表示カード

4　個別の配慮

　特別支援学級在籍や通級指導教室を利用する子供がいる場合は，保護者の了解のもと，「みんな誰でも，得意なことを伸ばしたり苦手なことを減らしたりするために，一生懸命お勉強していますね。○○さんは算数と国語の時間は□□ルームで勉強しています。お互いに頑張りましょうね」など，子供に理解しやすい言葉で説明しておきます。1年生は素直に受け入れ応援してくれます。対象の子供がいなくても，誰にでも得意・不得意があることを4月の段階で伝え，違いを認め合う雰囲気をつくることが，その後の個別の配慮の有効性を高めます。

（中島　孝子）

⏱ 10分

仲間づくり SST
あしさきビーム！

1 ねらい

※下記の力を個々に高める。
- ☑ 教師や友達の話を聞く態度を養う。
- ☑ 前後左右の感覚をつかんで心地よい距離感を知る。

2 方法

〈準備物〉 ・特になし
〈場づくり〉・授業のはじめ　・整列するとき
〈内容〉
①教師から「あしさきビーム，○○さん」と呼ばれた子は，「はい」と返事をする。
②その他の子は，呼ばれた子に足先を向ける。
③①と②を繰り返し，最後は「あしさきビーム，せ・ん・せい」に合わせて，教師の方を向く。

〈アレンジ〉
・教師が呼ぶのではなく，子供たち同士で呼び合うこともできる。
・子供の名前だけでなく，「あしさきビーム，みー・ぎ」や「あしさきビーム，こ・く・ばん」など，注目する場所を変えることができる。

3 授業の流れ

①導入の教示 --
　友達や教師が話しているときには，体と目線を向けて聞くことが大切であることを伝えます。実際に，話し手に注目している絵と注目していない絵を

見せて，聞き手の姿勢や話し手の気持ちを考えさせます。目を向けたら50点，へそ30点，足先20点として，「100点の聞き手」をイメージさせます。

②モデリング・リハーサル

教師と子供たち4人ほどで，やってみせます。その際，足先だけでなく，へそや目が向いていることにも気付かせます。

リハーサルでは，リズムよく子供たちの名前を呼んでいき，子供たちが楽しんでできるようにしましょう。友達の名前を聞き逃さないように，静かに聞く態度ができていることも取り上げてほめます。

③フィードバック・般化

すばやく向いている子供に，すばやく向くためにどうしたのか，返事をしてみんなが向いてくれたらどんなふうに感じたのか，担任が子供にインタビューするようにして簡単なふり返りをしていきます。「あしあきビーム，○○」は，日常の様々な場面で活用することができます。授業のはじめや，授業中に話し手に注目するときや整列するときなど，「足先を○○に向けましょう」と声をかけて，スキルを身に付けさせていきます。

④指導上の留意点

初めて行う場合は，返事が小さいことや動作が遅いことが考えられます。しかし，それらを注意してしまうと，できなかったという経験に終わってしまいます。教師の言葉をよく聞いている様子や足先を向けられていることを取り上げてほめていきます。

4 個別の配慮

緊張して返事ができない子供には，無理をして返事をさせません。教師が一緒に返事をしてあげるなど，安心して参加できるようにします。

（深海　春佳）

生活場面の指導
元気を分け合う登下校にしよう

1 登校指導のポイント

　幼稚園・保育園への通園は保護者送迎やバス等による送迎でしたが，小学校に入学した直後から，子供は自宅から学校までの道のりを自分の足で歩いて登校することになります。まずは，重いランドセルを背負い，頑張って登校してきたことを，しっかり認める関わりをしましょう。

2 登校時：挨拶に添えての一言

　朝，学校の校門や玄関先では，校長先生や地域の人が挨拶をかわしながら，子供たちを迎える光景をよく見かけます。1年生の担任は，登校後の指導のため，教室で出迎えることになると思いますが，教室入口も子供たちにとっては，学校での第二の玄関です。教室へ子供が入ってきたときは，一人一人に笑顔で「おはようございます」と明るく挨拶をした後，「頑張って（教室まで）来たね」など，子供の頑張りを認める一言を添えましょう。あたたかく迎えてくれる先生の姿が子供にとってのエネルギーとなり，安心して一日をスタートすることにつながります。

3 登校時：個別の配慮

　家を一人で出られず，たとえ親といっしょに登校しても親が離れようとすると大泣きする子供もいます。幼稚園・保育園時代の様子や家庭環境，本人の特性などを確かめながら子供のことを理解しましょう。場当たり的な対応をせず，どのような対応がよいのか学校内の支援体制を整えて，少しずつ子供の自力登校を促すようにします。

4 下校指導のポイント

　入学直後からしばらくは、学校の職員や地域の人が引率して、家が近くの友達とグループをつくって集団で下校することが多いようです。このとき、子供が自分一人でも安全に気を付けて下校するには、どんなことに気を付ければよいか声を掛けながら歩くようにしましょう。合わせて、いつでも家が近くの子供同士で下校できるように配慮することも必要です。

5 下校時：一目でわかるグループ分け

　入学前に、新しい通学路を保護者といっしょに通う練習をしていても、入学当初は多くの子供たちがまだまだ自分の帰り道がわからず、心細い気持ちでいます。自分がどこへ、誰と一緒に帰るのか一目でわかるような目印があるとよいでしょう。目印はシンプルに色別のシールを名前札に貼ったり、ランドセルに色別のリボンを付けたりするなどして、子供も教師も一目でわかるようにすると便利です。

目印のリボン

　下校前に整列する場所も児童玄関前などに固定すると、迎えに来た保護者や放課後児童クラブの職員の方と子供の受け渡しがスムーズにいきます。

6 下校時：個別の配慮

　朝の登校時は、子供全員が同じ時間に学校を目指しますが、下校時は自宅への帰り道も、時間も子供によってばらばらです。変更に弱い子供は、特に不安な気持ちをかかえて下校時の集合場所にいるかもしれません。

　最初にその子供を並ぶ場所に座らせる、いっしょに帰る友達と教室から送り出す、帰るときに「明日も待っているよ」と声を掛けるなどの配慮があると、安心して帰路につけるでしょう。

（四方　康雄）

授業づくり【国語】
スピーチ活動「クイズトーク」をしよう

1 授業のポイント

　小学校に入学してすぐの子供たちは，まだ発表がうまくできません。そこで，朝の時間や，普段の授業に帯の時間として楽しい「クイズトーク」をし，子供の発表や質問の技能を伸ばしていきましょう。

2 授業の流れ

①「クイズトーク」の流れ

　「クイズトーク」は，5〜7分程度の時間の中で行うスピーチ活動です。以下の流れで行っていきます。

①クイズタイム（2分）

　話題提供者（トーカー）が自分の宝物を袋などで隠し，ヒントを出しながらみんなに中身を当てさせる。ヒントの数は，3〜4つ程度にする。

②**質問タイム（2分）**

　トーカーは，宝物を取り出して見せる。しかし，まだ，宝物について，自分からは説明しない。みんなからの質問だけに答える。

③**まとめタイム（1分）**

　トーカーは，質問されたことや，さらに話したいことを1分間で話す。

④**ふり返り**

　教師が，発言や質問の仕方などについてコメントする。

②**発言・質問の技術の指導** ---

　質問では，5W1H（いつ，どこで，誰が，何を，どのように）について質問している子を取り上げて賞賛します。また，このときに取り上げたよい質問の仕方を，「1年〇組のみんなが見付けた『いいね！なしつもん』」として掲示し，クラスの子供たちに広げていきます。

3　ユニバーサルデザインの視点

　子供の宝物を話題に使うことで，興味関心を引き付けます。（焦点化）

　そして，質問の答えを短く教師が板書することで，話の流れをわかりやすくします。（視覚化）

　最後のふり返りでは，内容だけでなく，よかったヒントの出し方や質問の仕方について話し合わせて，発言・質問技術をクラスに広げていきます。（共有化）

4　苦手さのある子への配慮点

　新しい友達の中で，自分のことを話したり，友達に質問したりすることに大きな抵抗を感じる子供がいます。まずは，朝の健康観察などで「はっきりと返事ができる」ことを認めることからはじめましょう。「クイズトーク」の中では，「楽しんで友達の話を聞いている」という姿を取り上げることも，次のステップにつながります。

（笠原　三義・日野久美子）

3章　学級づくり・授業づくり12か月のアイデア　**47**

授業づくり【図画工作】
「すきなものなあに」好きな物を描いてみよう

1 授業のポイント

　自分の好きな物を，色や形，大きさなど思いのままに描くことで，自由に表現することの楽しさを味わうとともに，自分の作品を通して友達と触れ合うようにさせます。

2 授業の流れ

①自分の好きな物を思い浮かべ，発表する

　「好きな物は何ですか」と問いかけ，子供たちに自由に発表させます。それらを，食べ物や動物，乗り物，遊びなどに分類しながら板書し，好きな物を描く際のヒントとします。その後，前の時間に八つ切り（色）画用紙に描いておいた，「わたしの顔」のまわりに自分の好きな物を描いて，友達に見せようという本時の学習のめあてを提示します。

②「わたしの顔」のまわりに好きな物を描く

　好きな物を思い浮かべながら，色や大きさ，配置など思いのまま描かせます。どのように描くか悩んでいる子供には，教科書や友達の描いている物を参考にしてもよいことを伝え，どの子供も描こうとしているか机間指導して確認していきます。また，「○○が好きなんだね」「○○をたくさん描けたね」「○○の色の塗り方がいいね」など，子供が描いた物を具体的にほめるようにします。

　パスの使い方については，園での使い方を参考に，子供たちから線の引き方や色の塗り方などを

子供の作品例

引き出しながら指導します。

③描いた物を伝え合う

　描いた物を友達と見せ合い，自分の好きな物を友達に伝えさせます。子供の前で教師がモデル（自分の名前を言って絵を見せる）を示し，まず隣の席の友達と行わせ，次に席を立って違う園から来た友達同士で自己紹介を兼ねて伝え合わせるようにします。好きな物を描いた作品を通して「○○がいっしょだね」「○○が上手だね」など自由に話したり聞いたりして自分たちの作品を見ることを楽しむ時間にします。

④学級全体で，友達と触れ合った感想を発表する

　友達と絵を見せ合ってどうだったかを発表させます。「○人に絵を見せることができてうれしかった」「○○さんと好きな物が同じでうれしかった」など，子供の発表の中から具体的な表現をよい例として取り上げ，他の子供にも発表することへの意欲を高めさせます。

3　ユニバーサルデザインの視点

　自分の好きな物を，自由に表現することの楽しさを味わわせます。（焦点化）

　描く物のヒントとなるように，あらかじめ食べ物や動物，乗り物などの絵を用意しておき，それを分類しながら板書します。（視覚化）

　描いた物を友達と楽しく見せ合ったり伝え合ったりさせます。（共有化）

4　苦手さのある子への配慮点

　絵を描くことが苦手な子や，どのように描けばいいのかわからず，なかなか取り組めない子がいます。まずは好きな物についてゆっくり話をしたり，いくつかの選択肢の中から選ばせたりして，「好きな物を表現する」ことを第一に考えましょう。また，下絵を教師が描いてその色塗りだけを子供にさせるなどして，「自分で仕上げた」という満足感を与えることも，次の活動への意欲につながります。

（妹尾知恵子・真子　靖弘・日野久美子）

3章　学級づくり・授業づくり12か月のアイデア　**49**

保護者対応の工夫
「電話」や「連絡帳」を手軽に上手に使いこなそう

1 手軽な連絡手段

保護者にとって，特に「1年生の親」にはじめてなった保護者にとって，一番頼りになるのは学級担任です。担任や学校との連絡をどのようにすればよいかがわかると，保護者にとっては大きな安心感につながります。そのツールとして，電話や連絡帳がよく利用されます。両方とも手軽で便利な連絡手段ではありますが，顔が見えないやりとりになるため，配慮も必要です。

2 電話での連絡

電話の利点は，言葉遣いや声の調子で相手の様子を推察しながら，直接担任が保護者とその場で具体的な情報交換や対応についての話ができることです。一方，電話はかける側の理由で発信されるので，受け手の都合が合わないと，結局伝言やメモによる連絡になります。そこで，保護者には電話での連絡に関する留意点を伝えておきましょう。

・朝の時間の遅刻や欠席などの連絡は，担任は既に教室で子供を迎えているため直接話せないことも多いので，伝言にしてもらうこと。

・折返しの電話が必要なときは，誰に，どの時間帯にかけると都合がよいかあわせて伝えてもらうこと。

こちらから連絡をする際には，伝言メモが机上にないか必ず確認し，電話がつながったら「今，お話ししてもよろしいでしょうか？」と始めに断りを入れましょう。この一呼吸で相手も自分も落ち着くことができます。

学校を欠席した場合，子どもの体調を気遣う担任からの電話は，子供にも保護者にとってもうれしいものです。インフルエンザなど数日間休みが続く場合も，途中と登校前日のタイミングで電話を入れると，親も子も休み明け

の不安が軽くなります。

3 連絡帳での連絡

　連絡帳の利点は，文字情報として確実に伝わるということです。その分，後々まで残ることや子供の目に触れることに気を付けます。丁寧な文字とやわらかい表現で短めに，その日のうちに返答するように努めましょう。基本的に，小学校の連絡帳は「子供が翌日の連絡を書くためのもの」「保護者が翌日（近日）の学校生活のために担任に伝えたいことを書くためのもの」ということを，早い段階で保護者に知らせておきます。

　連絡の内容としては，体調，体育の授業への参加の有無，服薬のことなど，朝のうちに目を通したい連絡も多いです。登校後すぐに所定のカゴに提出する仕組みなども子供に学ばせたいことですが，１年生の場合は，つい提出を忘れることもあります。そこで，朝の時間に列ごとに後ろから集めて冊数と人数を確認し，さっと目を通すようにするとよいです。ページが飛んでいる空いたスペースに書かれた連絡をつい見落とした，ということがないように，今日の連絡のところを開いて集めさせたり，前日連絡を書く際に，クリップでページを挟んでおく習慣をつけさせたりすると，手間がかかりません。保護者のサインの確認も忘れずにします。

　文字による表現が難しい内容は，電話や面談で対応するようにします。苦情や要望の場合は，上司や同僚に報告したり相談したりする時間も必要ですので，緊急以外は即答を避けて，いつまでにどのような形で返答するかを連絡します（p.158-159もご参照ください）。

4 個別の配慮

　電話や連絡帳のどちらにしても，「先生と家の人はどんな連絡をしているのかな」と子供は不安になりがちです。便利な連絡ツールなので，簡単に内容を説明して安心させるなどして有効に活用し，家庭と連携を深めるようにしたいものです。

(古賀　央子)

3章　学級づくり・授業づくり12か月のアイデア　**51**

5月 May

クラスづくりの要所
トラブルへの適切な対処

1 今月のクラスづくり TODO

- ☑ 子供の気持ちに共感する。
- ☑ 子供の思いを通訳・代弁する。
- ☑ 質問で追い詰めず建設的に対応する。

2 学校生活

　学校生活に慣れてくるこの頃，子供同士のトラブルが増え始めます。1年生は自分中心に物事をとらえがちで，感情や行動のコントロールもまだ難しいものです。また，誰もが多動で衝動的な面をもっているので，小さなトラブルは日常茶飯事です。友達との関わり方や気持ちの切り替え方などを学ぶ経験ととらえ，冷静に対処することが大切です。

3 学級経営の勘所

①被害の訴えにはまず共感 --

　この頃最も多いのが，「友達から嫌なことを言われたりされたりした」という，「被害の訴え」です。このようなときには，「それは悲しかったね」「そうだったの。悔しかったのね」と，子供の感情を担任が言葉に出して，まず共感の姿勢を示すようにします。それだけでも子供の気持ちは軽くなります。担任と自分との1対1の関わりを強く求めている1年生ですから，先生が自分の気持ちを理解してくれた＝トラブルが解決したとなることが多いのです。このような関わりは，感情を表す表現を習得するのにも役立ちます。表情が晴れたら，「悲しい気持ちに自分でさよならできたね。また元気に遊べそうね」と，自分で気持ちを切り替えたことをほめましょう。

②言葉の行き違いには担任が仲介役を

1年生は，相手の立場や気持ちを想像する力が不十分なので，些細な言葉の行き違いがトラブルに発展します。「本当は〜って言いたかったのね」「そのとき○○さんは，こんなふうに思ったんだって」と，担任が通訳や代弁をする必要があります。メモをとったり絵を描いたりしながら伝えると，より理解しやすくなります。

状況を絵にして教える

③「なぜ？」で責めない，建設的なトラブル対処

不適切な行動を起こした子供には，「なぜ？」「どう思う？」と，つい質問を重ねてしまいがちですが，1年生の記憶力や言語能力では，正確な返答はできません。堂々巡りで子供を追い詰めることになります。「どう思う？」で反省を促すより，間違った行動は「よくない」とはっきり伝えましょう。そのうえで，「こうすればよかった」という視点での指導が必要です。

△	○
先生：なぜ○○くんの折り紙壊したの？ 子供：ぼくの折り紙へたって言われたもん。 先生：だからって人の物を壊していいの？ 子供：…だめ… 先生：だめってわかってるならどうして壊すの？ 自分のしたこと，どう思う？ 子供：…	先生：友達の折り紙壊すのはよくないよね。 子供：ぼくの折り紙へたって言われたもん。 先生：そうか。それはくやしかったね。そんなときは，「へたなんて言ったらだめだよ」って教えてあげて。ちょっと練習してみよう。 ※解決策をロールプレイで練習すると般化につながりやすい。

4 個別の配慮

「支援が必要な子供は最前列」と決めつけず，子供の特性に合った座席の位置を考えます。教師も実際席に座り，見え方や聞こえ方を確かめるとよいと思います。近くの席の子供との相性も大切です。

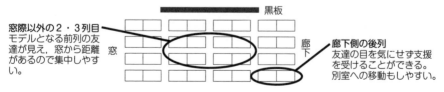

（中島　孝子）

15分

🦋 仲間づくり SST
声ちゃんねるゲット

1 ねらい

※下記の力を個々に高める。
- ☑ 場面に応じた声の大きさを調整する。

2 方法

〈準備物〉・タンブリンやウッドブロックなどの楽器
　　　　　・声ちゃんねるカード
　　　　　・自己紹介カード

〈場づくり〉・教室

〈内容〉
①声を出さずに（レベル0の声で），「こんにちは。わたしの好きな色は○○です。好きな食べものは○○です」と頭の中で挨拶と自己紹介をする。
②「一人」「グループ」「クラス」と場面を変えて挨拶と自己紹介をする。

〈アレンジ〉
・体育の時間にレベル4の声として，準備運動の掛け声を出させる。
・自己紹介のテーマを変えて，レベルアップしていくことができる。
・「はやく（ウサギの絵）」「ゆっくり（カメの絵）」と書かれたカードを提示することで，声の速さのスキルも一緒に考えることができる。

3 授業の流れ

①導入の教示

　タンブリンを準備して，わざと大きな音を出して，子供たちに耳をふさがせます。「タンブリンの音と一緒で，2人で話しているときに，目の前で大

きな声で話されたらいやですね」と，声の大きさを考えて話すことが大切だということを伝えます。また，声ちゃんねるカードを示して「レベル０」といって，頭の中で話す声があることを説明します。声の大きさを変えることができると，友達とも楽しく話すことができると伝えます。

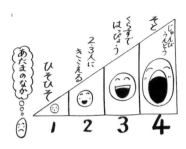

②モデリング・リハーサル

　モデリングでは，教師は「レー，ベル１で（ひそひそ声）」とかけ声をかけます。その後に続けて，子供たちに「こんにちは」とレベル１の声の大きさで言わせます。同様にレベル０～３の声の大きさはどのくらいなのか練習をさせます。教師の声の大きさを真似するように声をかけます。リハーサルでは，２人組やグループ，最後に全体で，自分の好きな色や好きな食べ物を，場面に応じた声の大きさで話をさせます。

③フィードバック・般化

　聞きやすい声の大きさだった友達を紹介し合い，学級でモデルとなる友達を見付けさせます。また，自分はレベル何の声がうまくできたかを考えさせます。「レベル１が，うまくできた。次はレベル３の声が出せるようになりたい」など，それぞれにめあてをもたせます。また，日常生活の中で，「こんなときは，レベル何の声？」と尋ねて，場面に応じた声を調整させます。

④指導上の留意点

　話すことに戸惑わないように，前もって「わたしのすきないろは，○○です」や「すきなたべものは，○○です」と書かれた自己紹介カードを持たせます。

4　個別の配慮

　大きな音やクラスのざわつきが苦手な子供には，事前に大きな音を出すことを伝えておくことが必要です。

（深海　春佳）

生活場面の指導
トイレの使い方を押さえておこう

1 指導のポイント

　幼稚園・保育園でもトイレの使い方の指導は行われていますが，小学校へ入学後も，一人でトイレを気持ちよく使えるようにさせることが大切です。
　視覚的な教材を準備して，正しいトイレの使い方を子供たちがわかりやすいように指導することを心がけましょう。

2 ICT教材を使った指導

　トイレの使い方を指導するとき，教師の言葉のみの説明では，注意力が散漫な子や言葉の理解が不十分な子は話の内容を十分に理解することができません。ICT教材などを活用し，絵や写真で具体的に使い方のポイントを示すことで，子供の注意を引きつけたり，内容を理解させたりしながら，子供たちが理解しやすいように指導することが大切です。また，○×クイズ等で子供たちが主体的に考えるような手立ても有効です。

○トイレの種類（洋式，和式）
○スリッパの並べ方
○ノックの仕方
○便器の座り方
○水の流し方
○トイレットペーパーの使い方
○手の洗い方　　　　　　など

トイレ指導のポイント例

ICT教材を使った指導例

3 困ったときのヘルプの出し方

　実際にトイレを使用する際，用を足した後にトイレットペーパーがないことに気付いたり，下着を下ろすのが間に合わず失敗したりすることも，1年生にはよくあることです。そこで，トイレの使い方を指導するときには，「そのような状況は誰にでも起こること」を伝えます。あわせて，「友達に『先生を呼んできて』と助けを求める」などの具体的な対応方法を教えることが大切です。

　実際に困った場面に遭遇した子供には，「大丈夫，誰にでもあることだよ」と，子供が上手くできなかったことを引きずらないような言葉かけをしましょう。子供が安心してトイレを使うようになる対応が第一です。

4 掲示物で意識付け

　スリッパの並べ方など，1～2回話を聞いて学習するだけでは，なかなか定着しづらいものです。日頃から子供たちがスリッパをきれいに並べることを意識できるように，どのように並べたらよいかすぐにわかるような絵や写真を，トイレの中の見やすいところに掲示するとよいでしょう。

トイレの掲示物

5 個別の配慮

　子供の中には，用を足す目的以外に自分を落ち着かせるなど，何らかの不安を解消する目的で頻繁にトイレに行く子もいます。一方で，臭覚など感覚の過敏さが原因でトイレに行きたがらない子もいます。一人一人の対応について幼稚園・保育園等と丁寧に引き継ぎをしましょう。また，両足の踏ん張りが利かず，和式トイレが苦手な子については，簡易洋式便座の設置を検討するなど，学校全体での対応を考えましょう。

（四方　康雄）

「はなのみち」（光村図書）

🦋 授業づくり【国語】
「はなのみち」かぎがどこに入るか押さえよう

1 授業のポイント

　本教材「はなのみち」は，小学校で初めて学習する物語文です。会話文（「　　」）をおさえるために，かぎを削除した文を提示し，間違い探しをさせ，かぎの意味に気付かせましょう。

2 授業の流れ

①間違いがわかるかな？

　子供が教材文をどの程度音読できているかは，物語文，説明文ともにお話を読み込んでいくときの大切な目安となります。

　ここでは，お話の内容に入る前にすらすらと音読できるようにしておきます。そのうえで，「間違いがわかるかな？」と「　　」（かぎ）を除いたしかけ文を提示します。子供たちは，「お話ししている文のマークがないよ」と気付くはずです。

②「おはなし読み」をしよう

　「先生が読むから，みんなはくまさんがお話ししているところになったら，手を挙げてね」と言って，音読します。教師の音読をただ聞かせるだけでなく，手を挙げさせることによって，体も使って会話文を意識付けます。

　子供が指摘した会話文を，吹き出しをつけたくまさんの挿絵を用意して書き込み，くまさんが言ったことを視覚的にも理解できるようにします。

③しるしはあったほうがいいかな？

　「ところで，しるしはやっぱりあったほうがいいかな？」と子供にゆさぶり発問をします。かぎの必要性をより実感させるためです。子供は，「お話ししているってわかりやすいからあったほうがいい」などと言うでしょう。

58

そこで，人物が話している文を会話文といい，会話文のはじめから終わりを示す記号をかぎ（「　」）ということを板書して教えます。

④かぎはどこにはいるかな？

最後に，「　」のないしかけ文をもう一つ提示し，「かぎはどこにはいるかな？」とかぎをつける練習をします。かぎという記号自体は，子供たちはすでに知っていますが，その記号が表す意味や「会話文」という用語，その有用性について実感を伴って学んでいくことが大切です。

3 ユニバーサルデザインの視点

学習内容を「　」（かぎ）を使った会話文の意味と使い方，という物語文特有の表現技法に絞ります。（焦点化）

センテンスカードや挿絵，吹き出しなどを使って子供たちが考える土台を作り，話し合いやすくします。（視覚化）

考えさせる発問をした際には，適宜，隣の子と話し合わせるなどして子供たち同士でも学びを深めさせます。（共有化）

4 苦手さのある子への配慮点

音読は，国語の学習の基本となるものです。しかし，文字を判別・判読することに課題をかかえる子供は，一文字を読むことはもちろん，まとまりのある単語としてとらえて読むことに大変苦労します。このような子供がすらすらと文章を音読できるまでには，とても時間がかかることを理解しておかなければなりません。音読の練習をするときには，まずは，文字を指でたどらせながら大人が読み聞かせをしてやる，子供と大人が一文ずつ交互に読むなど，子供のペースに応じた工夫をしましょう。このような練習を通して，すらすら読めなくても，内容を理解したり文章を丸ごと覚えたりして授業に臨む子供もいます。子供の音読のレベルに関わらず，授業のねらいを絞ることが大切です。

（笠原　三義・日野久美子）

授業づくり【道徳】

「わがままなきもち」みんなが気持ちよくなるためにどうしたらよいか考えよう

1 授業のポイント

　自己中心的な面が見られるこの時期に，「かぼちゃのつる（1年生道徳：文渓堂）」を読み，自分勝手でわがままなかぼちゃの気持ちに十分共感させつつ，役割演技を通して人の意見や忠告に耳を傾け，反省することや周りのことを考えることの大切さに気付かせます。

2 授業の流れ

①自分勝手な言動を注意された経験やそのときの気持ちについて話し合う -----

　家の人や友達の注意を聞かず，わがままをした経験やそのときの自分の気持ちを自由に発表させます。発表した子供には，「なるほど」「よくあるよね」などと共感しつつ，「注意をしてくれた人はどんな気持ちでいたんだろうね」と問いかけ，「みんなが気持ちよくなるためにはどうすればよいだろう」という本時のめあてを提示します。

②それぞれの場面のかぼちゃの気持ちを考える ----------------------

　「かぼちゃのつる」をペープサートや紙テープを用いた範読後，次の場面でかぼちゃがどんなことを思ったのか考えさせます。

> ○つるをぐんぐん伸ばしている場面…気持ちいいな。うれしいな。
> ○ミツバチやチョウ，スイカ，犬に注意された場面
> 　…うるさいな。余計なお世話だ。ほうっておいてよ。ぼくの勝手だろう。
> ◎トラックのタイヤにつるを切られた場面

　トラックのタイヤにつるを切られた場面の気持ちを考える際は，かぼちゃになりきって，そのときの気持ちをペアで話し合ったり，お面をかぶって泣いているかぼちゃ役とそれを見ているスイカ役（教師）とで役割演技を行っ

たりすることで，わがままを反省し，人の注意や忠告を聞くことの大切さに気付かせていきます。

③注意を聞き，わがままな気持ちを抑えた経験について話し合う ------

　資料の中の「かぼちゃ」を自分に置き換え，注意されたことを素直に聞いたりわがままを我慢したりしたことやそのときの気持ちを具体的に発表させ，同じような経験がないか挙手させるなどして友達の意見に共感させます。

④教師の説話を聞く -------------------------------------

　「注意されても言うことを聞かず，よくない結果になった例」と「注意されてすぐに言うことを聞いてよい結果になった例」を紙芝居などにして話し，人の注意を素直に受け入れることで，みんなの気持ちのよい生活につながることを確認します。

3 ユニバーサルデザインの視点

　自分勝手でわがままなかぼちゃの気持ちに共感させ，自分をふり返るようにします。（焦点化）

　登場人物をペープサートにし，かぼちゃの表情を変えたり，つるの伸びる様子を紙テープで表現したりして右上図のようにわかりやすく提示します。（視覚化）

授業の板書

　かぼちゃになりきって感じたことや，これまでの自分の経験から思ったことを自由に出させ，ペアや全体で確認したり話し合わせたりします。（共有化）

4 苦手さのある子への配慮点

　人の気持ちや思いをイメージすることが苦手な子供には，感情を押しつけることはせず，「こんなときには，こんな気持ちになる人たちもたくさんいるんだね」と，知らせるようにします。　　　（妹尾知恵子・真子　靖弘・日野久美子）

保護者対応の工夫

保護者の子育てに寄り添おう

1 学習面や健康面の不安を受けとめる

初めての授業参観，家庭訪問，遠足などのイベントが終わり，ゴールデンウィークを過ぎると，学校生活も学習が中心になってきます。文字や数の学習が本格的に始まります。子供たちも，学校に慣れてきたこともあって，徐々に行動範囲も広がり，今までとは違う姿を見せるかもしれません。

また，内科検診をはじめとする健康診断も続き，再受診の必要がある場合はプリント等で個別に連絡が出されます。学習面や健康面について，家庭から問い合わせが出てくる頃でもあります。

2 学習に関する問い合わせ

入学前に，「特に文字や数の学習をさせていない」という家庭も多いもの。ぼちぼち学習が始まり，心配になって問い合わせがくることもあります。授業参観の際に他の子の作品や発表の様子を見て，「これからついていけるのか」と気にされる場合もあります。

学習に関する心配事は，文字や数字を扱うようになってから出てくるものなので，入学前にはなかったことかもしれません。「まだ学習が始まったばかりですから，少し様子を見ましょう」と安心してもらうことも大切ですが，どのようなことが不安になっているのか丁寧に聞きとるようにしましょう。今までの子育ての中で，ひそかに気を揉んでこられたことがあるかもしれません。鏡文字を書くことや，丸や三角などの形が描けないことなど，今後の学習に影響がある場合も考慮して，保護者の不安に誠実に寄り添いましょう。「気を付けて見ておきます。1か月後にもう一度お話ししましょう」と見通しを伝えることも大切です。

3 健康診断にともなう配慮事項

　幼稚園や保育園で経験している健康診断ですが，学年ごとや全校規模での健康診断ははじめてのことで，子供にとって緊張する行事です。保健室や体育館にお医者さんが来ることや，順番で検診を受けることに戸惑う子供もいますので，検診の流れを伝えて不安を軽くするようにします。耳鼻科検診など器具を使う検診に恐怖心をいだく子供の場合，保護者にも了解を得て，事前に養護教諭と練習しておくことも有効です。

　健康診断後に再受診が必要だという連絡物がある場合は，連絡帳に一筆書いたり，封筒に入れて渡したりなど，確実に家庭に届くようにします。水泳の学習が始まる前に治しておきたい疾病等もあります。「それなら早く言って欲しかった」とならないように，早めの受診を勧めることも大切です。

　受診に関する連絡物を渡す場合は，自分だけプリントをもらったと不安になったり，他の子からかわれたりすることがないように十分配慮します。学校によっては，受診した結果を学校に知らせてほしいというところもあります。名簿に控えておき，必要に応じて保護者に連絡を取るようにしましょう。

　保健調査に，既往症や診断名を書く欄がある場合，子供自身はそれを知らなかったために，読んでショックを受けたということもあります。取り扱いに配慮を要する書類等は，封筒に入れて回収するようにしましょう。

4 保護者の子育てに寄り添う

　連絡のタイミングを逸したり，心配しすぎだと保護者の不安を軽くとらえたりすることで，信頼関係にほころびが出ないようにします。特に，今までの子育てに苦労をされてきた保護者にとっては，小さな不安でもきちんと聞いてくれる担任の存在は心強いのです。早め早めの対応が不安を軽くします。

　信頼関係ができれば，報告や連絡で済み，そこからクレームに発展することもなくなります。

（古賀　央子）

3章　学級づくり・授業づくり12か月のアイデア　**63**

6月 June
クラスづくりの要所
相手も自分も大切に

1 今月のクラスづくり TODO

- ☑ 子供を引き付ける授業を仕組む。
- ☑ 心ない発言を防ぐ。
- ☑ 注意を受ける子供に配慮する。

2 学校生活

　梅雨時, 1年生にとって外で遊べない日々は, 大人が感じるよりはるかにストレスがたまるものです。また, 国語では初めての長文, 算数ではたし算・ひき算が始まり, 学習を難しく感じてストレスを抱える子供が出てきます。フラストレーションから身勝手な振舞いや心ない発言が起きやすい時期ですので, 学習・生活両面から, 温かくもけじめのある関わりを心掛け, 相手も自分も大切にする雰囲気をつくりましょう。

3 学級経営の勘所

①複数の感覚を用いる魅力的な授業を

　子供が学校で過ごす時間のほとんどが授業です。その授業が魅力的でわかりやすければ, 子供の気持ちは安定し, 学級全体の安定につながります。仮名遣いや読解, 計算等, 座学が増えるこの時期こそ, 言葉での指示や説明だけでなく,「見る」「触る」「動く」など, 複数の感覚を用いた活動を取り入れて, 子供を引き付ける授業を心掛けます。

国語の説明文に出ている動物の剥製を触る子供

②相手を傷つけず　自分も大切に

　１年生は，見たまま，感じたままをストレートに言葉に出します。薄着や水着の機会が多くなるこの頃，肌の色，痣，身体の形状，傷跡などについての不用意な発言が相手を傷つけることを教えなければなりません。同時に，自分が言われたときには，「悲しいから言わないで」と毅然とした態度で伝えて自分を守るよう指導します。また，「下着で隠れる部分は，見ない・触らない・見せない・触らせない」といった学習を通して，「相手を傷つけず，自分も大切にする」という考え方を身に付けさせましょう。

③ルールが守れない子供に対する周囲の態度について

　この頃になると，「先生！　○○さんがおしゃべりしています！」「□□さんが，ノートを出していません！」といった声が聞かれるようになります。１年生なりの正義感の現れですが，言い争いや特定の子供への集中攻撃となりやすいので，下のような約束をしておきます。注意を受けた子供に対しては，注意を受け入れたこと，改善しようと努力していることを必ずほめましょう。「先生から大切にされている」という思いが子供の支えになります。

　　　　　　　ルールが守れない友達がいたら

先生の役目	みんなの役目	NG
・名前を呼んで気付かせる	・手本をしてみせる	・大きな声で
・そばに行って注意する	・「こうするといいよ」と教える	・何度も
・どうするか一緒に考える	・心の中で応援する	・大勢で

4　個別の配慮

　授業中に姿勢を保持することが難しく，常に体が動いている子供は，体を動かすことで，逆に聞くことや考えることに集中できていることがあります。そう感じたら，体の動きを無理に制止せず，「机の下でお手玉を触わりながら，しっかり先生の話を聞こうとしているね」と認め，少しずつ友達の行動に合わせられるようにしていきましょう。

(中島　孝子)

⏱ 20分

🦋 仲間づくり SST
わになっておどろう！

1 ねらい

※下記の力を個々に高める。

☑ 手足の力のコントロールを意識する。

☑ ボディーイメージをもって，相手の動きに合わせる。

2 方法

〈**準備物**〉　・歌唱「ひらいたひらいた」のCD

〈**場づくり**〉・体育館などの広い場所　・整列するとき

〈**内容**〉

①5人組で手をつないで円をつくる（人数を増やしていく）。

②手を離さないようにして，曲に合わせて円を縮めたり広げたりする。

〈**アレンジ**〉

・曲を変えて，教師の笛の合図で円を縮めたり広げたりすることもできる。
　また，時計回りに回ったり，反対に回ったりと多様な動きを取り入れる。

3 授業の流れ

①導入の教示 --

　力のレベルカードを示し，レベル0（ノータッチ）・レベル1（そっと）・レベル2（すこしぎゅっと）・レベル3（ぎゅーーっと）というように，力の入れ方には強弱があることを説明します。「友達に話しかけたくて，肩をたたくとき」「友達と手をつなぐとき」は，どのレベルがよいかを考えさせます。今回は，「レベル2」の力で，手をつないでアクティビティをすることを意識させます。

66

②モデリング・リハーサル

　実際に，教師と4人の子供が円になり，曲に合わせてやって見せます。曲の始めは，大きな円になって歌わせます。歌詞が「いつのまにか，つぼんだ」のときに手をつないだまま真ん中に縮まらせ，そのまま小さな円で歌わせます。最後の歌詞の「いつのまにかひらいた」で外側に広がるようにします。

③フィードバック・般化

　優しく手をつないでくれた友達を紹介し合います。友達に合わせて動くことの大切さやその楽しさをふり返らせましょう。「休み時間にもやってみてね」と伝え，休み時間に曲をかけます。友達の動きに合わせて遊ぶことで，力を加減することを身に付けさせていきます。また，整列するときに，友達と体がぶつかりトラブルになることがあります。「レベル０，ノータッチで並ぼう」と声をかけるなど，日常生活の中で力や身体のコントロールを自分で考えて行うように意識させていきます。

④指導上の留意点

　歌に合わせて，広がるときや縮まるときに，走ったり手を強くひっぱったりすることが考えられます。足と手の力の加減を意識させるために，「花びらがやぶれないようにしましょう」や，「１２３４，１２３４」とかけ声と手拍子に合わせて歩いて，円を縮めたり広げたりさせます。

4　個別の配慮

　教室よりも広い場所で行うために，教師の声や手拍子などに気付かずに走り出したり，友達の手を強く引いたりする子供がいるときには，教師がその子供と手をつないで一緒に円に加わり，力のコントロールをする手伝いをしましょう。

（深海　春佳）

生活場面の指導
雨の日は室内で楽しく過ごそう

1 指導のポイント

　天気がよい日に外で元気に遊ぶことは，エネルギーあふれる1年生にとって，心身の健康のためには欠かせません。しかし，梅雨の時期は，教室や校舎の中では走ったり暴れたりしないで，静かに過ごすことを求められます。このようなときに，「大声を出しません」「静かに過ごしましょう」「暴れません」という言葉かけだけでは，その注意の効果は一瞬で，子供たちは同じ行為を繰り返し，叱責の言葉が増えるだけです。雨の日の過ごし方についてはそのきまりを示すと同時に，どのように過ごせばよいのか，具体的な活動を提供しましょう。

2 雨の日の楽しみ方

　学校や学級には「雨の日は室内で静かに過ごす」というきまりがあり，「雨の日は静かに過ごさないといけない」ということやその理由として「相手にぶつかり怪我をするから」ということを理解している子も多数います。しかし，実際は，体を動かしたい，友達と関わりたい，という欲求が先走り，教室内や廊下を走り回ってしまいます。そこで，子供たちが走り回らないで過ごせるような手立てが必要です。

　教室内で過ごす活動としてカルタやオセロ，すごろくなどの盤ゲームを用意すると，座って活動することへ子供たちの行動は移行します。また，複数人で仲良く遊ぶためには，「順番を守る」「勝ち負けにこだわらない」などのソーシャルスキルが必要です。昼休みの時間にこのような遊ぶ材料を与えることで，子供たちの人間関係づくりの機会にもなります。

　絵を好きなように描いてよい紙や，折り紙などを用意しておくこともよい

68

でしょう。普段静かに室内で過ごしている子供が、色遣いが鮮やかで上手な絵を描いていることがわかって、「〇〇さんは絵が上手だね」と友達に囲まれることもあります。教室という一つの空間において、晴れた日には見られない子供同士の交流が見られ、お互いのよさに気付くことにもつながります。

教室内でカルタ遊びを楽しむ様子

自由帳に絵を描いて遊ぶ様子

3 安全に体を動かす場を用意する

　教室で静かに安全に過ごす手立てを行うことの他に、体育館等、体を動かしてよい場所を用意することも考えられます。例えば、曜日ごとに1年生から6年生まで昼休みの体育館使用を認めている学校もあります。事前の準備として、子供たちが体育館で遊ぶ様子を見守る職員を決めたり、ボールや跳び箱などの道具の使い方や遊び方のルールを示したりすることが必要です。

4 個別の配慮

　雨の日の休み時間の騒々しさは、いつもは一人で静かに過ごすことで安心感を得ている子供にとって、気持ちが不安定になる要素となります。また、「昼休みは外でブランコをする」と決めている子供にとっても、それができないことはストレスになります。自由に遊びを選べるようになるまでは、どんな遊びをするか一緒に話をして、子供が安心して行動に移せるようにしましょう。

(四方　康雄)

「くちばし」（光村図書）

授業づくり【国語】
「くちばし」仲間はずれの文はどれか考えよう

1 授業のポイント

　説明文は，同じ観点でくり返し説明されていることが多いです。ここでは仲間はずれの一文を加えることで，説明の観点の意識をもたせます。

2 授業の流れ

①きつつきかな？　かわせみかな？

　きつつきとかわせみの説明をしている教科書の本文を一文ずつセンテンスカードにして用意します。そしてその中に「かわせみのはねはあおくておなかはおれんじです」という仲間はずれのカードを入れておきます。

　そして，「これからおみくじをします。きつつきとかわせみの，どちらのことを説明しているカードかな？」と引かせていきます。子供たちは「木のなかにいる虫を食べるのは，きつつきだよ」「さかなをたべるのは，かわせみだよ」などとカードを分けていきます。

②どんな順番かな？

　カードを分けることができたら，きつつきの文を並び替えさせていきます。その際に，すぐに順番を発表させるのではなく，どんな順番で説明したらよいかを話し合います。「最初はヒントの文がくる」「答えは，問いの文のあと」などの意見が出るでしょう。そこで，きつつきの事例から文の役割と順序（ヒント・問い・答え）を確認します。

③仲間はずれの文はどれかな？

　次に，かわせみの文について順序を確認していきます。ペア活動の後に，全体で順番とその理由となる観点を確認します。すると，仲間はずれとして用意した「かわせみのはねはあおくて，おなかはおれんじです」が残るでし

ょう。「このカードもかわいそうだから仲間に入れてもいいよね？」と子供たちに問いかけると，「それはだめ！」と子供たちから意見が出てくるはずです。

④仲間はずれのわけは？

「仲間はずれのわけを教えて」と発問することによって，「きつつきに体の色は出てこないよ」「体の色は，答えではない」などと，きつつきの内容や観点と比べながら話し合うことができます。

最後に，「仲間はずれのわけは，| からだのいろはこたえではなくほかのとりでもかいていないこと | だからです」の□部分をペアで相談させて自分の言葉で説明できるようにさせます。

3 ユニバーサルデザインの視点

学習内容を「説明の順序と観点（ヒント・問い・答え）」に絞ります。（焦点化）

カードの並び替えや仲間はずれのカードを入れることで観点を目で見てわかりやすくします。（視覚化）

全体で説明の順序と観点や仲間はずれのカードを確認したあとには，□の中をペアで相談する活動を行い個々の子供の理解を深めます。（共有化）

4 苦手さのある子への配慮点

「は」という助詞を，「ha」と読むか，「wa」と読むか，とまどう子供がいます。語と語の関係を正しく読み取るためには，助詞を正しく用いることが大切ですから，この第一歩として助詞を正しく読めるようにていねいに指導する必要があります。本文の文字を指で押さえながら，正しい発音を聞かせて真似させたり，「ha」と発音する助詞をⓗと囲んで読ませたりして，区別ができるようにしていきましょう。

（笠原　三義・日野久美子）

🦋 授業づくり【学級活動】
「からだをきれいに」おふろでぴかぴか

1 授業のポイント

　汗をたくさんかき，体の露出が増えて体の汚れも気になる時期です。いつも体を清潔にすることが，健康な体につながることを意識させます。

2 授業の流れ

①体の中で汚れている（汚れやすい）ところを発表する

　「体の中で汚れやすいところやばい菌が好きなところはどこかな」と体のイラスト（図1）を見せながら発問し，自由に発言させます。首のまわりや耳の後ろ，足指の間，性器など，子供たちが見落としがちなところは，こちらから挙げるようにします。よごれをそのままにしておくと，ばい菌が入って病気になることを確認し，きれいな体にするための手や顔，体の洗い方やお風呂の入り方を考えさせていきます。

図1　体のイラスト

②お風呂の入り方の順番を考える

　例えば入浴をシャワーのみで済ませているなど，家庭環境の違いによって子供のお風呂への入り方や体の洗い方については大きな差があります。事前に把握したり，いろいろな家庭があることを想定したりして学習内容を考えることが必要です。

　手洗いや顔洗い，お風呂の入り方について，それぞれの順番をカード（挿絵）にしておき，1枚ずつどんな様子かを説明しながら，順番を変えて黒板に

図2　ワークシート

貼っていきます。お風呂の入り方については，同じ挿絵のワークシート（図2）を配布し，入り方の順番を考えさせます。順番を悩んでいる子には，「体を洗ったら次に何をしたらいいかな」などと声をかけ，思った番号を記入するように助言します。

③お風呂の入り方を確認し，下着の役割を知る ----------------------

　全体で，正しい順番になるようにカードを１枚ずつ動かして発表させます。その際，浴槽に入る前に汚れているところを洗うというマナー面や，下着を着ることの大切さについても一緒に確認します。また，実際にお風呂に入ったつもりでやらせてみることで，実践につなげるようにします。

④これまでの自分をふり返り，これからどうするかを考える -----------

　ワークシートの体のイラストに，これからお風呂に入ったとき，きれいに洗いたいところに○をつけさせるようにします。また，清潔で健康な体にするためにこれから心がけたいことを発表し合うようにします。

3　ユニバーサルデザインの視点

　体を清潔にするお風呂の入り方を知らせ，健康な体につなげる意識を高めます。（焦点化）

　お風呂の入り方の順番について，ワークシートと同じイラストを使って示します。（視覚化）

　カードを使って，マナー面なども含め，全体でお風呂の入り方について考えさせます。（共有化）

4　苦手さのある子への配慮点

　感覚的に水に触れることに苦手さを感じる子供もいます。また，アトピー性皮膚炎など，清潔にしていても見た目ではわかりにくい場合があります。このような子供が，どのようにして清潔さを保っているのか，教師がよく理解したうえで，他の子供にもわかりやすく伝えるようにしましょう。

（妹尾知恵子・真子　靖弘・日野久美子）

3章　学級づくり・授業づくり12か月のアイデア　**73**

保護者対応の工夫
家庭訪問で保護者とつながろう

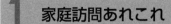

1 家庭訪問あれこれ

　例年，1学期を中心に，学級担任が各家庭を訪問して保護者と面談し，子供の家庭での様子を知る機会として家庭訪問を年間行事に位置付けている学校が多いようです。この他に，トラブル時，病気・ケガの際など，必要に応じて家庭訪問を行う場合もあります。事前の準備や配慮事項をまとめてみました。

2 事前の準備

　一般的には，子供の顔と名前が一致してまだ日も浅い時期に実施されるようです。地域ごとに日程を組むことが多いので，家庭調査等で周辺の地図を確認し，近所間で効率のよい順番を計画します。きょうだい児の担任とも時間の調整をしておきます。日程変更の希望があり，予定していた経路と異なる場合も，スマートフォンの地図アプリ等を活用すればスムーズに回れます。自家用車利用の際は，近辺に駐車が可能か確認しておくと安心です。
　「約束の時間を守る」ことも信頼を得るために大切なことですので，途中の時間調整も考慮して，ゆとりのある計画を立てるようにします。アパートやマンションの場合，入口のセキュリティーも確認しておきましょう。

3 いざ家庭訪問

　家庭によっては，家族揃って出迎えてくださったり，ペットの歓迎を受けたりすることもあります。もし，ペットが苦手な場合は子供を通じて事前に伝えておいてもよいでしょう。
　終わり頃になって「実は……」と本格的な話が始まったり，聞きたいこと

が聞けないまま終わったりしないために，学級通信などで話し合う内容を具体的に知らせておきます。

　プライバシーには十分配慮しながら，家族構成や緊急時の連絡先や帰宅先，今までの病歴やアレルギーなど，学校生活を送るうえで担任が気を付けておきたいことなども確認するようにします。

　学校での子供の様子をよく観察し理解して訪問したいところですが，入学後まもなく，また，文字もまだしっかりと学習していない子供に，事前のアンケートをとることもできません。そこで，前日ぐらいに子供に質問して記録しておくと役立ちます。和やかな明るい雰囲気で話ができるように，よいことや得意なことを中心に質問します。

　〈例〉　①学校で一番楽しいことは何ですか？
　　　　②好きな勉強は何ですか？
　　　　③好きな遊びは何ですか？
　　　　④給食で好きなメニューは何ですか？　　など

　また，保護者にとってもはじめての家庭訪問ですので，こちらから質問するばかりでなく，保護者の質問にも答えられるようにします。内容によってはその場で答えることが難しいこともあるかもしれません。お詫びしていったん持ち帰り，後日きちんと返答するようにします。

4　臨時の家庭訪問の場合

　トラブル時，病気やけがの際など，必要に応じて家庭訪問を行う場合もあります。急な家庭訪問は困惑される場合がありますので，事前に電話で許可を得たうえで，迷惑にならない時間帯を選びます。

　訪問の内容によっては，担任だけではなく，誰かが同行した方がよい場合もあります。上司や同学年の職員に報告・相談をして，誰が何を話すかシミュレーションしてから訪問することも必要かもしれません。相手に与える印象も大切ですので，服装にも気を付けましょう。

　　　　　　　　　　　　　　　　　　　　　　　　　　　（古賀　央子）

3章　学級づくり・授業づくり12か月のアイデア　75

7・8月 July & August
クラスづくりの要所
認め合いで1学期のまとめを

1 今月のクラスづくり TODO

- ☑ 学習のゴールを明確にする。
- ☑ 認め合う機会をつくる。
- ☑ 2学期をスムーズに迎える工夫をする。

2 学校生活

初めての夏休みを目前に，気持ちが高揚しやすい時期です。そのうえ，やり終えなければならない学習課題がたくさんあるので，何をどこまでやればよいか，担任も子供も明確な見通しをもち，落ち着いた生活を心掛けなければなりません。また，「自分と先生」の関係から，「友達と自分」「集団の中の自分」へと意識が広がり始める頃でもあるので，自他の良さを認め合う機会をもつとよいと思います。

3 学級経営の勘所

①ゴールを明確にして課題に取り組ませる

長いスパンで取り組む課題では，「ここまでやり終えたら完了」というゴールを明確に示す必要があります。シールなどで進み具合を視覚化すると，1年生はゴールを目指して張り切って学習に取り組みます。個人差に応じて量を調節する際も同様の配慮をし，「全部終わった」という充足感がもてるようにします。

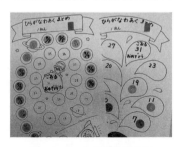

ワークブックの進捗表の例
右側は量を調節したもの

②認め合いで「自分の良さ・友達の良さ」を意識させる

　先生が直接子供をほめることに加え，子供同士で認め合う機会をもつことは，「自分と先生」の関係からステップアップし，学級を構成する仲間を意識させるためにも役立ちます。「○○を頑張っていた友達は誰かな？」「○○さんはどんなことを頑張っていたかな？」と尋ねると，子供からは的確な答えが返ってくることが多く，1年生なりに友達をよく見ていることがわかります。頑張ったことを賞状などで目に見える形にして称賛すると，1年生は目を輝かせて喜びます。頑張った子供はもちろん，友達の頑張りに気付いた子供もしっかりほめるようにしましょう。

一人一人への賞状

③夏休み中にも子供の様子に気を配る

　はじめての夏休みが終わる頃，気分が落ち込む子供がいます。夏休み中の登校日には，子供の様子をよく観察しましょう。宿題の進み方も確認し，必要に応じて家庭に協力を求める，学校で個別指導をするなどの手立てをとります。暑中見舞いや残暑見舞いを郵送すると，先生とつながっていることが実感でき，2学期への心構えができます。9月始めの楽しい行事等のインフォメーションを入れておくと，2学期への期待がより高まります。

4　個別の配慮

　発達に偏りのある子供の多くは，暑さや寒さに敏感です。特に，子供は体温調節機能がまだ十分発達していないため，この時期の暑さで集中力や意欲が低下します。室内の温度や湿度にできる限り気を配りましょう。

　気になる子供の情報は，必ず全職員で共有します。1学期の支援を見直し，うまくいかなかった手立てをやめる勇気も大切です。そのことが次の手立てにつながるスタートになります。

(中島　孝子)

⏱ 20分

🦋 仲間づくり SST

あいさつリレー

1 ねらい

※下記の力を個々に高める。
☑ 相手の表情を見ながら，言葉のやり取りをする。

2 方法

〈準備物〉・絵カード ・花や人形など（リレーのバトンになるもの）
〈場づくり〉・机を下げた教室に列になって立つ
〈内容〉
①一列または，円になり「はい，どうぞ」と言いながら後ろの人に花（人形など）を両手で渡す。
②後ろの人は，「ありがとう」と言って，花を両手で受け取る。
③最後の人は，担任に「はい，どうぞ」と花を渡す。

〈アレンジ〉
・渡し方や言葉のやり取りに慣れてきたら，タイムを計って行うこともできる。
・「どんまい・ありがとう」「おさきにどうぞ・ありがとう」「だいじょうぶ？・ありがとう」など言葉を変えることで，あたたかい言葉のレパートリーを増やすことができる。

3 授業の流れ

①**導入の教示** ------------------------------------
　日常生活でよく経験している場面として，「消しゴムを拾ってもらっている」絵カードを提示します。絵カードは2枚用意します。「拾ってもらった

子供が，相手を見ないで受け取っている場面」と「拾ってもらった子供が相手を見ていて，二人とも笑顔になっている場面」のカードです。2枚のカードの違いを見付けながら，友達と関わるときには，「表情をみること」「あたたかい言葉をかけること」が大切なことに気付かせます。あたたかい言葉として，「ありがとう」「どんまい」「だいじょうぶ」なども挙げます。

②モデリング・リハーサル

モデリングでは，子供が教示で考えたアイデアを取り入れます。「友達の顔を見て渡す（もらう）」「笑顔で渡す（もらう）」「そっと渡す」「会釈をしてもらう」など，教師がやって見せ，後に続けて一斉に練習させます。リハーサルでは，「今の笑顔いいね」「両手で渡してるね」など，できていることを具体的に取り上げてほめます。

③フィードバック・般化

あたたかい言葉のリレーをやってみて，どのように感じたかを伝え合います。渡したときも，もらったときも，お互いに気持ちがよかったという感覚をもたせます。生活場面でプリントを後ろの人に渡すときには，「はい，どうぞ」「ありがとう」を言うようにさせたり，朝の会に「あいさつリレー」の時間をつくったりすると，生活の中で自然とあたたかい言葉を使うようになるでしょう。

④指導上の留意点

「大きな声で『ありがとう』と言えているか」ではなく，あたたかい言葉のやり取りで，楽しくあたたかい雰囲気がつくられているかを見とります。

4 個別の配慮

声が出せない子供には，教師が一緒に言ってあげます。「（もらうときに）会釈だけでも，ありがとうは伝わるよ」など，言葉ではない表現をほめます。

（深海　春佳）

🦋 生活場面の指導
基本的な習慣が身に付く給食時間にしよう

1 指導のポイント

　学校生活の中で子供たちが楽しみにしている時間の一つが「給食」です。しかし，担任にとっての給食時間は，食に関する基本的な習慣を身に付けさせたり，給食当番の指導をしたりと，たくさんのことに気を配らなければなりません。毎日の指導の中から子供たちが自主的に動けるような仕組みをつくりながら指導に当たりましょう。

2 自分たちで動けるための手立てを

　給食当番の身支度の準備や給食当番の仕事については，表などを作って視覚的に示しましょう。文字だけでなく，イラストや写真を入れて仕事の手順をわかりやすくすることが大切です。給食エプロンをかけるフックにもナンバリングをし，仕事の番号とエプロンのナンバーを合わせると，自分の役割を考えながらエプロンの着替えをするようになってきます。仕事に慣れるまでは，当番の役割を１週間固定させることもよいでしょう。

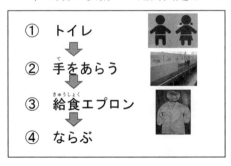

給食当番の準備の手順例

エプロンかけのナンバリング

あわせて，給食当番以外の準備を待っている子供たちへの指導も必要です。「マスクを着用して静かに席に座って待つ」「本を読んで静かに待つ」などのルールや過ごし方を示すことも必要です。

また，食中毒対策のためには，手洗い・消毒の徹底が求められています。手の洗い方については，別に時間を設定して丁寧に指導しましょう。

3 食べる量を調整する

1年生は体格などの個人差が大きく食べる量も一人一人違うので，全員が同じ量を食べることは難しいです。そこで，まずすべての子供に同じ量で配膳し，「いただきます」の後に食べる量の調整をしましょう。はじめに給食を減らす対応をします。このとき，好き嫌いなどで苦手な食材については，子供と話し合いながら少しずつ食べられるようにしていきます。次に，給食を増やす対応をします。最終的に教室全体での残菜がなくなるようにしましょう。

量の調節の場面

4 「もぐもぐタイム」で時間内に食べ終わる

友達とのおしゃべりに夢中になり，給食時間の終了に間に合わない子もいます。食べる時間をタイマーで視覚的に示すとともに，全員がしゃべらずに食べる「もぐもぐタイム」を設定し，時間内に食べ終わる工夫をしましょう。

5 個別の配慮

食物アレルギーの子供に対しては，学校全校で対応していくことが必要です。この他にも臭覚や味覚，触覚などの過敏さから食べることができない子もいます。事前に保護者と相談したり，幼稚園，保育園での対応を確認したりすることが大切です。

（四方　康雄）

「おおきなかぶ」（光村図書）

授業づくり【国語】
「おおきなかぶ」かぶを引っぱったのは誰だろう

1 授業のポイント

　本教材は，大きなかぶを引き抜くために，次々と登場人物が現れます。登場人物の挿絵の中に作品に登場しない人物を提示し，誰が出てくるかを視覚的に理解させます。

2 授業の流れ

①誰が出てきた？

　登場人物一人一人の挿絵を用意します。その中にお話には登場しない力持ちそうな大男も仲間はずれのカードとして入れておきます。

　「かぶを引っぱったのはこのみんなだよね」と言って，黒板に一枚ずつカードを提示します。子供たちは，「おじいさんがまずかぶを引っぱっていたよ」「大男なんかいたら，一発で引っこぬけちゃいそうだよ」などと言うでしょう。話し合いながら，正しい登場人物を選んでいきます。

②どんな順番かな？

　登場人物がそろったら，「じゃあ，どんな順番で引っ張ったのかな？　ペアで相談して並び替えられたら座りましょう」と問い，ペア活動を行います。

その後，音読しながら全体で正しい順番を確認していきます。

③ねずみはいらない？ ---

　順番を確認していくと，最後はねずみとなります。そこで，「ねずみの力は小さいから，いなくてもよかったのじゃない？」とゆさぶり発問をします。子供たちは，「小さいけれど，ねずみの力も大事だよ！」や，「みんなで力を合わせたから引っこ抜けたのだよ！」とねずみの役割についても考えていきます。

④どうしてこの順番？ ---

　ねずみの役割を確認した後で，最後に「じゃあ，どうしてねずみが最後に出てきたんだろう。最後に一番力の強そうなおじいさんが出てくればよいのではないかな？」と登場人物と順番の関係について，問います。ペアで相談したうえで，発表させます。子供たちからは，「最後に力がないねずみが出てくるから，おもしろい」「あとちょっとで抜けるから，あきらめちゃだめ」などと，作品の構成の工夫を味わう意見が出てくるでしょう。

7・8
月

3　ユニバーサルデザインの視点

　学習内容を「登場人物とその役割」に絞ります。（焦点化）

　挿絵カードの並び替えや仲間はずれのカードを入れることで登場人物と，出てくる順番を目で見てわかりやすくします。（視覚化）

　全体で登場人物と出てくる順序の理由についてペアで相談する活動を行い個々の子供の理解を深めます。（共有化）

4　苦手さのある子への配慮点

　たくさんの登場人物が出てくると，その順番がわからなくなったり混乱したりする子供がいます。単元全体の指導において，板書をするときには，お話の内容や順番に合わせて登場人物のイラストを貼り付けたりそれを指さしたりして，確認しながら進めましょう。

（笠原　三義・日野久美子）

3章　学級づくり・授業づくり12か月のアイデア　**83**

授業づくり【算数】
「10よりおおきい数」工夫して数えよう

1 授業のポイント

バラバラに配置されたものを正確に素早く数えるために，既習の数え方を生かしながら，2とびや5とびの数え方に目を向けさせます。

2 授業の流れ

①前時の数え方の復習をし，本時の学習課題をつかむ

電子黒板で10のまとまりがわかりやすい具体物（絵や写真）を提示し，その数を数えさせます。数え漏れや重複がないように印を入れながら数えたり10のまとまりを丸で囲んだりして数えたことを実際に操作しながら確認します。また，「10といくつで○」と唱えさせることで，その数の構成についての理解も深めます。

バラバラに配置した具体物（学習問題）を電子黒板で提示し，「正しく速く数える方法を考えよう」というめあてを提示します。

②見通しをもち，課題解決（自力解決）に取り組む

「早く数えるために1つずつ数える以外の方法がないか」という問いかけをします。このとき，「しるしをつける」ことや「10を囲む」ことのやり方を絵と言葉で提示しておきます。また，電子黒板で提示した具体物と同じものをノートに貼り，自分で印を入れたり10のまとまりを囲んだりしながら考えることができるようにします（図1）。数え方で悩んでいる子供には，一つずつ数える方法で正確に数を数えさせたり，印を入れながら一緒に

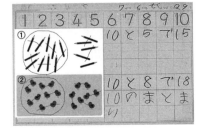

図1　子供のノート

数えたりします。

③友達と自分の考えを伝え合う --------------------------------

　隣の席の友達と，どのように数えたのかを操作しながら説明させます。相手に自分の考えを伝えようとしているかを確認しながら机間指導をします。説明に戸惑っている子供には，「わたしは，このように数えました」「10といくつで○になりました」などの話型を示すことも有効です。

④工夫して数える方法をまとめ，適応問題を解く --------------------

　2とびや5とびの数え方を取り上げ，「2，4，6，8，10」「5，10，15，20」と板書し，復唱させたり，みんなで唱えたりして繰り返し練習させます。適応問題では，二つずつや五つずつ並んでいるものの数を数える問題を出し，2とびや5とびで唱えて数える良さを実感させます。5とびについては，時計を活用することで，時計の読みにつなげることもできます。

3　ユニバーサルデザインの視点

　大きい数は，2とび，5とびなど，かたまりで数えると正しく速く数えられることに気付かせます。（焦点化）

　「しるしをつける」ことや「10を囲む」ことのやり方など，絵と言葉を用いて板書します。（視覚化）

　2とびや5とびを復唱させたり，みんなで唱えたりして繰り返し練習し，それらを使って数えることでその良さを共有させます。（共有化）

4　苦手さのある子への配慮点

　鉛筆などの身近な具体物を使った絵でも，そこに印を付けたり，かたまりとして○で囲んだりすることが難しい子供がいます。絵の上に算数ブロックを置いてそれを操作させたり，それでも難しいときは実際に鉛筆などを用意して操作させることが必要です。具体物（鉛筆）や半具体物（算数ブロック）を，自分の手指を動かして実際に操作する体験を十分行わせることが，その後の念頭操作につながります。　　　　（妹尾知恵子・真子　靖弘・日野久美子）

保護者対応の工夫
通知表を活用して学校での姿を伝えよう

1 通知表とは

　文部科学省のホームページによると、通知表は「保護者に対して子供の学習指導の状況を連絡し、家庭の理解や協力を求める目的で作成する」と解説されています。学期ごとに学校での様子を知らせる大切な書類です。

　前期と後期の2期制、1～3までの3学期制では時期が異なりますが、初めての通知表は親も子もドキドキして受け取ります。席に戻ってそっと開く子、友達と見せ合う子など、通知表をもらった子供たちの表情はとても豊かです。

　現在は手書きではなく、パソコンで作成・印刷されたものが主流ですが、内容は昔と変わらず、学習面と生活面の評価、担任による文章での所見・係の名前・出欠の状況・検印欄などで構成されていることが多いようです。

2 学校での姿を伝える

〈学習面〉

　教科ごとに、教科内でも項目に分けて評価をします。「たいへんよい（よくできる）」、「よい（できる）」、「がんばりましょう（がんばろう）」のような文言か、A・B・Cまたは3・2・1による3段階評価で、1年生の1学期はそのうち「たいへんよい（よくできる）, (A), (3)」がない場合もあります。

〈生活面〉

　身辺整理、係・当番活動、友達との協力の様子などを「よい（できる）」、「がんばりましょう（がんばろう）」のような2段階評価で評価することが多いです。評価の時期になって慌ててチェックしたり、たまたま見かけた姿で

判断したりしないようにします。定期的に観察し，記録しておきましょう

〈所見欄〉

　一番時間をかけて作成する項目です。新任の頃に諸先輩から，「通知表は，本人・親・きょうだい・祖父母・ご先祖様まで見るものだから絶対にミスがないように」と教えられました。大人になってからも大切に保管されていることがあると心得て，声に出して読み返す，同僚に確認してもらうなどして推敲します。学校によっては，上司を含めた複数の目でチェックが入り，手元に戻ってきたときは付箋だらけということもあるかもしれませんが，それだけ気を遣う必要があるということです。主な注意点を以下に述べます。

　①専門的な言葉を多用せず，わかりやすい表現を心がける。

　②子供の頑張ったことやよいところを具体的に伝える。

　③今後，何をどのようにしたらよいのかがわかるように書く。

　④誤字や脱字，文章のねじれに気を付けて，簡潔に書く。

3 問い合わせがあったら

　通知表を渡してホッとしたのもつかの間，保護者から問い合わせがあるかもしれません。学習面では，テストも数枚しか実施していない頃ですし，自信をなくさないために×はつけずに満点にしてから返すようにしていると「うちの子，いつも100点なのに，どうして『がんばろう』なの？」と疑問をもたれることもあるかもしれません。落ち着いて理由を説明し，家庭で取り組んでもらいたいことを具体的に知らせます。もちろん，担任としてこんなことに気を付けて指導していく方針だということも伝えます。

　家庭での様子と大きな違いがなく，例えば身辺整理が苦手という共通点がある場合は，個人面談を利用して教室の引き出しやロッカーを使い，今後の手立てを一緒に考えることもできます。

　保護者と手を携えて一緒に子供を伸ばしていくためにも，通知表を上手に活用していきたいものです。

（古賀　央子）

3章　学級づくり・授業づくり12か月のアイデア　**87**

9月 September

クラスづくりの要所
仕切り直しをチャンスに

1 今月のクラスづくり TODO

- ☑ 1学期できていたことを確認する。
- ☑ 子供の様子をチェックする。
- ☑ 失敗を補う方法を教える。

2 学校生活

　夏休み中の生活リズムが抜けず，学校生活のペースに乗れない子供がいます。1年生は特にその傾向が大きく，落ち着かない，ぼんやりしている，指示が通りにくいなど，学級全体の印象が変わることもあります。夏休み前と比べて「せっかくできていたことができなくなった……」と嘆いたり「どうしてできなくなったの！？」と責めたりせず，丁寧に仕切り直しをしていきましょう。仕切り直しは強化のチャンスでもあります。

3 学級経営の勘所

①1学期できていたことの確認・強化 ---------------------------------

　2学期始めに子供の様子が退行したように見えるのはよくあることです。「できなくなった」のではなく，「忘れている」ことが多いので，まずは，1学期できていたことの確認から始めます。右下のような基本的なルールを学級全体で再確認することで，適切な判断や行動を強化できます。同時に，担任自身も，短く簡潔な言葉で指示しているか，見通しを明確に示しているか，冷静で公平な関わりができているかなど，指導の仕方を今一度確認することが大切です。

> ・時間を守る
> ・声のボリューム
> ・静かにするサイン
> ・聞き方，話し方　等

②子供の様子をチェックし，不適応防止

夏休み明けには，不登校等の不適応行動が起きやすいので，子供に気になる変化がないか，右のような点を注意深く見る必要があります。夏休みの間に家庭の状況が変化し，それが不適応行動の要因の一つとな

- 登校時刻の遅れはないか
- 服装や髪型が乱れていないか
- 急激な体重の増減はないか
- 言葉遣いの変化はないか
- 体調や食欲は正常か　　など

るケースもあるので，家庭との連絡も密にしましょう。1年生は言葉にすることが難しい分，行動や体調の変化でSOSを発信している場合が多くあります。視線や表情，雰囲気など，「なんとなく気になる」ことがあったときは，必ず周辺の事情を確認することが大切です。

③「失敗」を「失敗」で終わらせない工夫

1学期はあれこれ手を貸してくれた家庭も，2学期になり，だんだん手が離れていきます。生活のリズムが戻るまでは，道具を忘れたり，宿題が不十分だったりと，小さな失敗が増えることは想定内です。例えば，忘れ物をしたら，「報告やお願いの仕方を身に付ける」「道具や材料をシェアする」など，社会的なスキルの獲得や助け合う雰囲気の醸成に生かせるチャンスととらえましょう。

9月

先生，教科書を忘れたので〇〇さんに見せてもらいます。

教科書わすれたから，見せてくれる？

いいよ。一緒に読もう。

4　個別の配慮

スムーズな行動ができない子供に，口頭で何度も指示を重ねると，意欲の低下を招きます。「1日の行動を表にして，できたらシールを貼る」「一つの行動を1枚の付箋で示し，できたらはがす」など，行動やその進捗状況を視覚化することが大切です。隣の友達をモデルとして真似させるのも有効です。

(中島　孝子)

20分

仲間づくり SST
なかまをさがせ！

1 ねらい

※下記の力を集団で高める。
- ☑ 相手に注目する力を養う。
- ☑ 友達に表情や身振りで伝える方法を知り，コミュニケーションに生かす。

2 方法

〈準備物〉・色シール2種類（赤と青）
〈場づくり〉・教室で行う場合は，机や椅子を移動させる
〈内容〉
①教師から背中にシールを付けてもらう。
②しゃべらずに，ボディランゲージを使って仲間を探す。
③赤グループと青グループに分かれたら，円になって座る。

〈アレンジ〉
- 緑や黄色など他の色を増やして，グループの数を多くすることもできる。
- シールの種類を動物や果物，記号と変えると，ボディランゲージの種類が増えるようになる。

3 授業の流れ

①導入の教示

　言葉でなくても，表情や身振りなどで気持ちを表すことができることを説明します。首を振ったら「ちがうよ」「いやだ」，頷いたら「そうだよ」「いいよ」など，普段使っている簡単なボディランゲージを確認します。表情や身振り手振りをよく見ることで，友達の言いたいことがわかることを伝えます。

②モデリング・リハーサル

　4人の子供の背中にシールを付けて、他の子供たちが教えるという練習をします。また、「声を出さずに口を大きく開けて伝える」「手を優しく引いて連れて行く」「指を指す」「手で○や×をつくる」など、友達に色を教えるときにヒントとなる、ボディランゲージを提示しておきます。

③フィードバック・般化

　身振り手振りだけを使って、グループ分けができたことをほめます。どのようにして自分の色がわかったのか、どんな風に友達が教えてくれたのかを発表させます。「手をつないで連れて行ってくれた」「頷いて教えてくれた」など、友達にしてもらったことを振り返ります。友達の表情や動作をよく見ていたことを取り上げてほめます。

④指導上の留意点

　間違ったグループと手をつないでいたり、ルールの意味がわからずに見ているだけになったりする子供がいないか確認します。声を出して教えようとする子供には、「お口はチャック」と書いたカードを見せて、ことばを使わずボディランゲージだけで行うことを再確認させます。

4　個別の配慮

　自分の色がわからずにいる子供のためのヒントカードとして、赤と青の色画用紙を準備しておきます。自分のシールと同じ色を友達に指してもらい、自分のシールの色がわかるようにしてよいことを伝えます。　　（深海　春佳）

生活場面の指導
時間を意識した学校生活を取り戻そう

1 指導のポイント

夏休みが終わり，子供たちとの再会は教師にとって楽しみです。しかし，長期の休みを規則正しく過ごした子供もいれば，そうでない子供もいます。子供たちが学校生活のリズムを取り戻せるようにするためには，時間を意識させることが大切です。

2 学級の生活目標として掲げる

夏休み明けに子供が安定した学校生活を取り戻すために，学級の生活指導の目標として「時間を守る」ということを，教師から子供たちへはっきり伝えます。

また，「時間を守る」だけでは，1年生の子供たちにとっては，具体性にかけイメージしづらいので，「チャイムが鳴ったら席に着く」など具体的な行動をめあてとして示します。このような行動ができたかどうかをいろいろな場面に応じて振り返ることで，目標を達成することにつなげていきましょう。

3 学校全体で同じ活動をする時間を意識させる

1年生の子供は，入学後決まった時間に学校全体で動くシステムにようやく慣れてきたところで夏休みを迎えます。そこで，夏休み明けには，もう一度そのシステムを確認していくことが必要になってきます。このとき，1日中，「時間を守りなさい」と言い続けるだけでは子供たちはやる気をなくしてしまいます。まず，教師が1日の中で，子供たちにしっかり意識させたい時間を設定しましょう。特に，「朝の時間」「給食時間」「掃除時間」は，学級や学年単位ではなく，学校単位で全員が同じ活動をする時間ですから，1

年生の子供たちにとっても時間を意識する雰囲気を感じながら活動できると思います。同学年だけでなく，校内の生活指導担当や清掃担当の教員等，いろいろな教職員と連携しながら学校全体で取り組むようにします。

> **目標の例**
> ・チャイムが鳴ったら席に着く
> ・○○時○○分に「ごちそうさま」をする
> ・掃除の始まりの合図に間に合うように遊びをやめる　　　　など

4 時間が守れないときの対応

　子供たちの中には，体調不良などの理由で登校が遅くなったり，ついトイレの時間が長くなって授業に間に合わなかったりする場合があります。決まりを守ることは大切ですが，もしそうできなかったときに，子供が自分からその理由を言えるようになることも大切です。自分の取った行動についてきちんと説明するという社会性を育むことにつながります。遅れて教室へ入ってくるときには，理由を言ってから入るというルールを設定してもよいでしょう。

5 個別の配慮

　慣れた生活パターンの中では安心して学習や活動にも取り組めますが，突然のスケジュールの変更を受け入れることには，とても抵抗のある子供がいます。このような子供は，夏休み明けに学校のリズムに戻るのにも，他の子供よりも余計に時間がかかるかもしれません。夏休みの後半から，学校生活のリズムを想定した家庭生活を送る，という取り組みは有効です。夏休みに入る前に保護者と話し合っておきましょう。

(四方　康雄)

「うみのかくれんぼ」(光村図書)

授業づくり【国語】
「うみのかくれんぼ」何がどのように隠れている？

1 授業のポイント

　本教材は，三つの海の生き物について，はじめの問いに対して，それぞれ三つの文で説明されています。三つの文に間違いを入れたり，順序を入れ替えたりして提示することで，答えの文の順序と論理に気付かせましょう。

2 授業の流れ

①何が隠れている？

　はまぐり，たこ，もくずしょいの絵をフラッシュカードで提示し，子供の興味を引き付けるとともに，「どんな隠れ方をしていたかな？」と聞くことで，教材文の内容を想起させていきます。

②スリーヒントクイズ

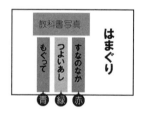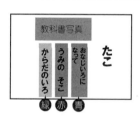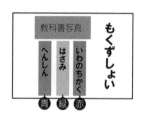

　子供に，三つのヒントを出して，それぞれどの生き物のことを表していくかを聞きます。ヒントカードは，「何がどこに」の文は赤，「からだのつくり」の文は緑，「隠れ方」は青などと，色を変えておき，子供の理解の助けとします。この中で，たこだけ説明の順序を変えておきます。すると，子供たちからは「順番が変だよ」や「このままだとおかしい」などと声が上がるでしょう。そこで，「三つの文がそれぞれ表しているのだね」と確認をします。

③ひらめおみくじを引こう --------------------------------------

　教科書にはない「ひらめ」を登場させます。そして，「教科書と同じように
にひらめの説明文を先生は考えてきたのだけど，あたりかはずれか考えてく
れるかな？」と問いかけます。

あたり	ひらめが　うみのそこに　かくれて　います。
はずれ	ひらめが　かくれて　います。

　　　　　赤のカード（何がどこに）が書かれている方があたり

　教科書の三つの生き物で勉強した順序に，まずは赤（何がどこに），緑
（からだのつくり）について確認しました。

④ひらめの説明文を書こう --------------------------------------

　「最後の青のカードには，どんな言葉が入るでしょうか？」と問い，この
部分を子供たちと作ります。子供たちは，「最後の青には，隠れ方を書けば
いいよ！」と言いながら，楽しく活動することでしょう。

3 ユニバーサルデザインの視点

　まず，学習内容を「問いと答えの順序と内容」に絞ります。（焦点化）

　そして，内容をカードで示し順番を入れ替えたりしながら，順序や内容を
確かめていきます。（視覚化）

　最後に，教科書には出てこないひらめの説明文を作る作業を行いながら，
子供たちの理解を深めます。（共有化）

4 苦手さのある子への配慮点

　多くの子供が初めての漢字学習に楽しく取り組む中，なかなか習得できず
に苦手意識を高める子供もいます。「はね」や「はらい」といった基本的な
書字のきまりを押さえつつ，まずは厳しすぎない評価をして，漢字学習への
意欲をなくさないようにすることが大切です。

　　　　　　　　　　　　　　　　　　　　　　（笠原　三義・日野久美子）

授業づくり【音楽】
「いろいろなおとをたのしもう」めざせ鍵盤ハーモニカ名人！

1 授業のポイント

　教師のモデルをヒントにしながら曲を体で表現し，簡単な音を演奏することで鍵盤ハーモニカという楽器の楽しさを感じさせていきます。

2 授業の流れ

①鍵盤ハーモニカで演奏された曲を聞いて，体で表現する

　鉛筆を持たずに，自分の声や体を自由に使って表現することは，1年生にとって楽しい活動です。しかし，「体を使って動いてみよう」という声かけでは，大部分の子供が難しく感じます。まずは，教師がモデルとなり，子供たちが身体表現を思う存分に行うための雰囲気をつくることが重要です。目の前にいる担任が元気に踊ったり，静かに体を揺らしたりしている場面を見ることが，音楽をとらえる一番の手立てになります。その後，「はちさんみたいにとんでみよう」など「○○みたいに」と具体例を出して声をかけると，1年生にはイメージしやすいです。それぞれの子供に表現の違いが出てくるので，「○○さんバージョンのはちさん」など，取り上げて交流します。

②鍵盤ハーモニカの使い方を知る

　はじめて鍵盤ハーモニカを使うときは，正しい姿勢について写真や動画を使って示すとわかりやすいです。また，「ふくとき・きくとき」のルールも具体的に一緒に伝えて練習します。1年生のはじめの段階では，毎時間確認することで身に付きます。

資料1　ルールカード

③息の長さを変えて、音の長短に気付く

　息の吹き方については、強く吹きすぎたり弱すぎたりしやすいものです。歌口を唇で挟む前に、顔の前に手のひらを置き「息を長く当て続けよう」と声をかけて練習さ

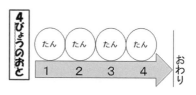

資料2　拍カード

せ、ちょうどよい吹き方を体感させましょう。最初から「自由に吹いてごらん」と吹かせると、大きな音を出すことにこだわりすぎたり、不安で音が出せなかったりします。「今日は息の長さをかえて、吹いてみよう」と焦点を絞ります。息を長さは、「4秒の音」「2秒の音」と名前を付けたり、拍カードを並べたりして、消えてしまう音を目で見える形にします。

④範奏に合わせて吹いて、演奏を楽しむ

　範奏に続けたり曲に合わせたりする場合、どこから入ればよいか難しいことがあります。全員を半分ずつチームに分けて交互に演奏したり、友達の演奏を手本にしたりして取り組ませましょう。チームごとに「4秒の音を2回」や「2秒の音を8回」と組み合わせを変えて、音の面白さを感じさせます。

3　ユニバーサルデザインの視点

　「息の長さをかえよう」と、めあてを具体的につかませます。（焦点化）

　「○○さんバージョンのはちさんをやってみよう」と実際に教師がやって見せ、友達の身体表現をさせて交流させます。（共有化）

　正しい演奏の仕方の学習では動画を視聴したりや、音の長さをとらえるときには拍カードを使ったりして、音を目に見える形にします。（視覚化）

4　苦手さのある子への配慮点

　学級のざわつきや鍵盤ハーモニカの高い音や大きな音が苦手な子供には、事前に対処法を話し合っておきましょう。過ごしやすい席を考えたり、一人で練習できるスペースを別に用意したりしておくなどの配慮が考えられます。

（深海　春佳・日野久美子）

保護者対応の工夫
学級通信を活用して保護者に情報を伝えよう

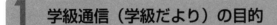

1 学級通信（学級だより）の目的

　縁あって1年間，学校生活をともにすることになった学級です。学級や子供の活動の様子，作品の紹介，担任としての思いや教室経営の方針などの情報を保護者に伝えていくために，学級通信（学級だより）【以下，通信と表記】を上手に活用していきましょう。

2 どんなことを載せるか

　担任の個性を発揮して，楽しい通信の内容を考えます。子供に書いてもらったタイトルを順番に使っていくと，あたたかい雰囲気になります。下記のような内容で，偏りが出ないように工夫して構成していきましょう。
- ・行事の報告，学級の出来事，現在学習している内容の紹介
- ・担任の思い，行事に向けての保護者への協力依頼
- ・今月の学級目標の紹介
- ・最新の教育情報，子育てのヒントになる情報，よい本の紹介
- ・子供の作品の紹介，保護者からのコメント（承諾を得てから）

3 どんなことに気を付けるか

　通信を発行するにあたり，著作権とプライバシー保護の観点からの意識を常にもっていなければなりません。個人情報の保護については，各自治体の条例で定められているので，参考までに一度確認しておくとよいでしょう。
　年度当初に，学校全体で統一して「教育活動時の写真や映像の公開」の承諾について書面で確認を取っているところも多いです。公開される対象（写真・作品等），公開される範囲（学級や校内の掲示・ホームページ・PTA新

聞等）によって何をどこまで許可するかについて，保護者が判断される場合もあります。

SNS などで情報が容易に拡散する時代です。そこで，通信を発行するにあたって，保護者に取り扱いや処分の仕方についてお願いをしておくことも大切です。子供が持ち帰りの際に紛失するかもしれないことも意識しておきましょう。

子供の作品（作文，日記，絵画，工作等）を掲載する場合，「○○さんの作品を今度通信に載せるけどいいかな」という確認をとるようにします。内容が家族のプライバシーに関わっていないかも確かめましょう。子供や保護者が嫌な思いをしないように，作品の誤字や脱字の修正をしたうえで掲載するようにします。

年間を通して，どの号に，誰の，何を載せたかを名簿でチェックし，子供によって掲載回数の偏りがないように配慮します。保護者の要望で作品の掲載ができない場合は，子供がさびしい思いをしないように，保護者と相談して掲載可能な形で通信に登場してもらいます。

4 その他の配慮事項

1学年が複数の学級で編成されているときは，おおよその発行の頻度などを学年の担任間で共通理解しておきましょう。担任の個性が発揮されてしかるべきなので，無理に発行頻度の足並みをそろえる必要はありませんが，双生児が同じ学年にいた際は，持ち帰る通信の数に極端な差が出ないよう，担任間で大まかに確認していました。

読み手が笑顔になる，読んで楽しくためになる通信をめざして，内容や構成を考えていきましょう。

また，通信とは直接関係ありませんが，保護者が行事で撮影した写真や映像に他の子供が写り込んでいる場合は，ブログ等に掲載しないようお願いしておいた方がいいでしょう。

（古賀　央子）

3章　学級づくり・授業づくり12か月のアイデア　**99**

10月 October

クラスづくりの要所

集団で動く楽しさを

1 今月のクラスづくり TODO

- ☑ 集団活動の規範を意識させる。
- ☑ 集団活動で得られる「楽しさ」の意味を伝える。
- ☑ 行事に向け具体的な目標と手立てを考える。

2 学校生活

　秋には是非,「一つの目標を共有してみんなで動く」という経験を増やしてみましょう。この頃になると,自分たちで目標を決め,それを達成するための方法を1年生なりに考えることができるようになってきます。運動会や修学旅行等,学校行事への取り組みは,集団で動くことの楽しさや,そのための規範を学ぶよい機会です。

3 学級経営の勘所

①楽しい集団活動を支える規範 -----------------------------------

　「じゃんけん列車」や「猛獣狩り」など,全員参加型のゲームを楽しむためには,ルールを守ること,節度をもつこと,勝っても負けても適切に振る舞うことなど,集団活動の下支えとなる規範を教えて守らせることが重要です。大声を出したりふざけたりすることを「おもしろい」と感じている子供には,それが間違いであることを教えなければいけません。楽しい体験を通して規範を学ばせることが,運動会や修学旅行などの

```
たのしい ゲームにする ために
☆ゲームの ルールを まもります。
☆せつめいを さいごまで ききます。
☆こえの おおきさを まもります。
☆こまっている ともだちは たすけます。
☆おわりの あいずで おわります。
☆かったら えがおで 「たのしかったね」
☆まけても えがおで 「たのしかったね」
```

集団でゲームをするときの約束の例

行事の成功にもつながります。

②行事で得られる楽しさの意味を伝えてモチベーションアップ ---------

大きな行事の後の１年生の感想で最も多いのが「楽しかった」です。この「楽しかった」は，「所属感」「達成感」「充実感」「満足感」等を示しており，決して遊びや個人の活動で得られる楽しさではありません。この時期の行事には，集団での規律正しい行動が求められ，努力や我慢，緊張を要する場面がたくさんありますが，その先にみんなでやり遂げた「楽しさ」があることを伝えて励ましましょう。前の年の写真や動画を見せると，行事当日のイメージが明確になるうえ，楽しい雰囲気も伝わり，モチベーションが上がります。

③いつ・誰が・何をするかがわかる目標と手立て ----------------------

行事に向け，学級全体で共有できる目標を立てます。「きちんと」「しっかり」などの曖昧な表現ではなく，子供から出た言葉を使って具体的な表現にします。手立ても，「いつ・誰が・何をするか」がわかることが大切です。係活動や当番活動と関連付けると，より自治的な取り組みになります。

めあて：全員練習開始時間に間に合う
手立て１　休み時間に８分で着替える
手立て２　時間を知らせる（生活係）
めあて：全員が笑顔でダンスを踊る
手立て１　休み時間に，覚えていない人に教える（スポーツ係）
手立て２　おうちで毎日１回踊る
手立て３　帰りの会の「笑顔タイム」で笑顔の練習をする（日直）

運動会の目標と手立ての例

10月

4 個別の配慮

集団活動が苦手な子供の多くが，相手と同じ動きをすることが苦手です。運動会等の行事は，整列，行進，返事など，「相手に合わせる」ことを経験するチャンスです。その子供のペースに合わせてくれる友達と組ませ，その動きを真似ることから始めるとよいと思います。また，行事への完全参加を求めず，子供の実態によっては，当日の部分参加や，準備・練習のみの参加も選択肢の一つだと考えると，取り組ませやすくなります。　　　　（中島　孝子）

3章　学級づくり・授業づくり12か月のアイデア　**101**

⏱ 40分

🦋 仲間づくり SST
好きなことベスト3！

1 ねらい

※下記の力を集団で高める。
- ☑ 自分の考えを相手に伝える。
- ☑ 相手の考えを受け入れる言い方を知り，コミュニケーションに生かす。

2 方法

〈準備物〉・鉛筆　・ワークシート　・椅子と机
〈場づくり〉・教室で3人組をつくる
〈内容〉
①教師の「好きなことベスト3」を，五つの選択肢の中から2人で考えて，三つ選んでワークシートに書く。
②3人のうち1人は，2人の話し合いの様子を観察して，チェックする。

〈アレンジ〉
・「○○さんのすきなことベスト3」として，子供バージョンにアレンジすることができる。

3 授業の流れ

①導入の教示

友達と話すときに，自分の意見ばかりを言ったり，友達の意見を聞いても何も言わなかったりして，嫌な気持ちで終わったことはないか尋ねます。「私は○○と思うけど，○○さんはどう思う？」「それいいね」「それもありそうだけど，○○だと思う」など，自分の考えを伝えるときには，相手のことを考えた言い方をすると笑顔で話し合いが終わることを伝えます。

②モデリング・リハーサル

「話し合いのわざ」として，相手への相づちや相手を考えた言葉を提示して練習させます。リハーサルでは，はじめに話し合う２人と，話し合いの様子を観察する１人（ジャッジマン）を決めます。ジャッジマンは，２人が話し合いのわざを使えているかどうかを見て，チェックカードに○を記入させます。２人のやりとりを客観的に見ることで，自分が話し合いをするときには，どうしたらいいのかということにつなげます。

③フィードバック・般化

話し合いをした感想を伝え合います。また，チェックカードをもとにして，友達の話し合いを見ていて，いいなと思ったことを発表させます。この時期は，学習で話し合い活動が多くなるときです。「笑顔で終わりましょう」と声をかけたり，「話し合いのわざ」を掲示したりして，話し合いをするときに相手のことを考えるという経験を積ませます。

④指導上の留意点

事前に，個々の話し合いのソーシャルスキルのレベルを考えて，３人組を配慮しておきます。一方がよく話して，もう一方が話せていないなどがないか観察します。

4 個別の配慮

自分の考えに固執してなかなか友達と意見の交流が難しい子供には，「あなたはそう思うんだね」とその意見を受け入れて活動をサポートしましょう。活動が終わった後に，そのときの本人の気持ちだけでなく相手の気持ちもゆっくりと解説し，様々な考えがあることを教えましょう。

（深海　春佳）

生活場面の指導
次の授業準備がサッとできる道具管理の工夫をしよう

1 指導のポイント

　次の授業で使う道具の準備や帰りの支度が素早くできると，全員が次の行動に移るまでに時間がかからず効率的です。そのためには，子供たちが整理整頓しながら道具の管理をできるようになることが大切です。道具の管理場所を決める際は，子供たちの動きをイメージしながら，一番よい場所を決めましょう。

2 頻度や大きさで管理場所を決める

　使う頻度や，道具の大きさ別に管理場所を決めたり，机の引き出しやロッカーの中の道具の置き方も具体的に決めたりして指導にあたります。

　使う頻度によって道具の置き場所を決めると，集団の動きをスムーズにコントロールすることにつながります。使用頻度が高い物を子供たちから遠い場所へ置くと，毎回，子供たちが大移動をしなければならず，その度に，子供たち同士のトラブルが起きるかもしれません。教室の作りや，机の形状にもよりますが，例えば，図書の本を入れるブックバッグや歯ブラシ，コップ入れの袋など毎日使う物（使用頻度が高い物）は机横のフックにかけたり，体育館シューズや粘土，生活科の校外学習等で使うバインダーなどの時々使う物（使用頻度が低い物）は教室横や廊下の棚などにまとめて置いたりするなどの工夫が考えられます。一方，机横のフックに道具をかけると机を移動する際に邪魔になったり，道具が床に落ちたりして紛失の原因になったりします。道具が落ちても，子供同士が誰のものかすぐに判断できるような記名の仕方をさせましょう。家庭へも，このような理由を添えて個人の持ち物には必ず記名するように協力を求めましょう。

3 整理整頓は視覚化でわかりやすく

　子供が自分の持ち物を管理するランドセルを置くロッカーや机の引き出しの整理整頓を指導する際には，写真やイラストなどでその状態を具体的に示し，視覚化することが大切です。「ビフォー・アフター」などの例を並べて示し，自分の管理がどちらの状態に近いかを判断させることも有効です。

ロッカー内の写真

引き出しの中の写真

4 整理整頓の時間の確保

　整理整頓を習慣付けるためには，練習が必要です。子供まかせにせず，一斉にロッカーや机の引き出しを整理整頓する時間を設定しましょう。その際，上記のように整理整頓されたロッカーや机の引き出しの写真などを提示すると，子供たちが見てわかりやすく効果的です。また，机の引き出しの整理整頓が終わったら自分の机の上に引き出しを並べさせて一目で把握できるようすると子供一人一人の作業スピードの実態把握にもつながります。

5 個別の配慮

　道具の管理が極端に苦手で，自分の道具が机の周りに散乱している子供がいます。上記のような視覚的支援を個別に用意してもなかなか上手くいかないときには，「とりあえず片付け箱（コーナー）」を作ることも有効です。上手な整理整頓の前に，「自分の持ち物を自分で把握する・管理する」ことを目指しましょう。

（四方　康雄）

「くじらぐも」(光村図書)

授業づくり【国語】
「くじらぐも」どんなお話かあらすじをつかもう

1 授業のポイント

　1年生の子供たちがお話の順序や登場人物の言動を確かめるには，挿絵の並び替えが有効です。挿絵に描かれた場面の様子を手がかりとしながら，作品のあらすじをつかませましょう。

2 授業の流れ

①この並び方は正しいかな？

　子供たちがすらすらと読めるようになってから行います。
　「このお話の挿絵を持ってきたよ，たしかこの順番で……わあ！」と持ってきた挿絵をわざと床に落とします。そして「あれ，正しい並べ方がわからなくなっちゃた。確か……」と言いながら間違った順番で挿絵を黒板に貼っていきます。子供たちは「先生違う！」と言い出すことでしょう。

②正しく並べることができるかな？

　「立って正しい並び順をペアで相談します。相談が終わったら座りましょう」と子供たちに話し合わせます。子供たちは挿絵を見ながら，ペアで物語の順序を思い出していきます。指をさして話し合ったり，相手の話をよく聞いている子などがいたら，いったん全体の動きを止めて「〇〇さんのお話の仕方は体も使っていてとってもわかりやすいね」「□□さんの聞き方は相手を見て聞いていてとってもいい」とそれらの行動を賞賛していきます。そのことにより，ペアでの話し合いの力を向上させていきます。

③誰が何をしていた？

　半数のペアが座ったところで，全体を座らせます。そして，まだ終えていないペアに対してヒントを出させていきます。「ジャングルジムで手をふっ

ているから，これは一番最後だよ」「みんなが手をつないでジャンプしたあとに，くじら雲に乗ることができたんだよ」などと，お話の順序を意識した話し方をした子の言い方を取り上げて，賞賛します。

また，挿絵ごとに「誰が，何をした」を意識できるように子供たちの発言を板書していきます。

④「お話リレー」であらすじを話してみよう ------------------------

すべての挿絵を正しい順序に並び替えたら，板書を手掛かりに作品のあらすじをペアで伝え合う「お話リレー」をします。ペアで順番を決めて，挿絵ごとに「誰が，何をした」を押さえて伝え合います。

このように，挿絵をヒントに誰が（人物）何をした（事件）を押さえていくことで，お話のあらすじをつかむことができます。

3 ユニバーサルデザインの視点

まず，学習内容を「人物と事件に注目したあらすじ」に絞ります。（焦点化）

そして，挿絵の並び替えや，「誰が，何をした」に着目した板書で話のあらすじが一目でわかるようにします。（視覚化）

全体であらすじを確認後，ペアで挿絵ごとに何があったかを伝え合う（お話リレー）ことで，個々の子供の理解を深めていきます。（共有化）

4 苦手さのある子への配慮点

物語教材は，場面の様子や登場人物の気持ちを自由に想像したり，表現したりすることを楽しむことが多い学習活動ですが，これを苦手とする子供がいます。「現実には起こらない」と指摘したり，「登場人物の気持ちがわからない」と言ったりすることもあれば，学習活動に参加したがらないなどの消極的な態度で示すこともあります。他の子供と同じ学習活動ができなくても無理強いせず，「友達の楽しそうな様子を見る」ということから始めましょう。

（笠原 三義・日野久美子）

3章 学級づくり・授業づくり12か月のアイデア **107**

授業づくり【特別活動】
「学級を楽しくしよう」学級会を開こう

1 授業のポイント

　教師が司会グループと一緒に話し合いを進め，その流れややり方を教えていきます。また，どんなことを話し合うのかをはっきりさせて，子供たちが主体的に話し合いに参加できるようにします。

2 授業の流れ

①話し合うこと（議題）や話し合うわけ（提案理由）について確認する ---

　普段の子供たちの学校生活の様子を写真や動画で見せてふり返らせ，「もっと学級のみんなが楽しく過ごすにはどうしたらいいかな」と投げかけた後，教師から話し合うこと（議題）とそのわけ（提案理由）を提示します。議題は子供にとってわかりやすく，話し合うことがはっきりしているものにします。ここでは，「みんなを助け，笑顔にする係をつくろう」という議題で，話し合うことを確認します。

②どんな係が必要かを話し合う --------------------------------------

　事前に司会グループ（司会，副司会，記録）を決め，話し合うことや流れ，役割などを確認しておきます。司会には話型を丁寧に示した進行表を見ながら進行を，副司会には指名を，記録には教師の板書の手助けをさせ，教師と一緒に話し合いを進めさせます。

　係活動について，「こんなことしてくれたらいいな」「みんなが楽しくなりそう」と思える係について考えさせ，たくさん意見を出させます。また，1学期の係活動を提示しておき，2学期もあったらよいものを考え，発表させます。新規に「○○係がいいと思う」という意見が出たら「それって，どんなことをするの？」などと尋ねたり応答したりする活動をペアや全体で取り

108

入れます。一対一の対話にならないように，教師が全体の状況を把握しながら進めます。

話し合いの流れがわかるように板書にします（図1）。出た意見は，簡潔に短冊に書いて貼り，賛成や反対の意見は，色分けしたマークを使って示します。マークの数を意見の決定基準とします。集団決定が難しい場合は，教師が内容を整理し，学級の実態に合わせて決定します。

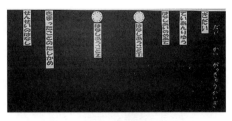

図1　板書例

③話し合いの振り返りをする

話し合いで決まったことを全員で共有した後，話し合いの振り返りをさせます（振り返りカード）。カードには，話し合いに参加できたかを「〇か△」で表し，話し合いに積極的に参加していた友達の名前も書いて紹介させ，みんなでほめ合います。

3　ユニバーサルデザインの視点

教師が一緒に話し合いを進めることにより，ねらいにせまります。（焦点化）

話し合いの流れが見てわかるように意見を簡潔に書いた短冊や賛成・反対マーク，矢印カードを活用して板書します。（視覚化）

ペアや全体で尋ねたり応答したりする活動を取り入れ，意見の内容を理解しやすくします。（共有化）

4　苦手さのある子への配慮点

自分から意見を述べることができなくても，友達の意見に耳を傾けている態度をしっかり認めましょう。賛成か反対かの意思表示は，色別のカードなどを活用して行わせるという工夫も考えられます。

（妹尾知恵子・真子　靖弘・日野久美子）

保護者対応の工夫
授業参観で安心と信頼を得よう

1 授業参観をチャンスととらえる

　授業参観の日は，学校全体が賑わいますが，特に１年生の授業参観は人だかりができるほどです。「担任の先生はどんな人だろう。子供たちにどんな風に接するのだろう」と家族揃って参観に来られる家庭もあります。緊張するとは思いますが，安心と信頼を得るチャンスととらえて，環境や授業の準備を整え，落ち着いた雰囲気で子供とのやりとりを楽しみましょう。

2 環境を整える

　居心地のよい教室環境になっているかを再確認します。ユニバーサルデザイン教育の観点から，前面の掲示物がスッキリしている教室が増えていますが，参観者が立つ背面の掲示物にも配慮が必要です。子供の作品は全員分あるか，古いものはないか，破損や画鋲が取れていないかを確認します。記述の誤りがそのままだったり，赤いペンでたくさん訂正してあったりする作文などを見かけることがありますが，本人に訂正させてコメントのみ朱で入れたものが望ましいです。教室の後ろで生き物を飼育したり花を飾ったりしている場合は，その置き場所にも気を付けます。

3 お願いや名簿の取り扱いなど

　授業参観に関しては，写真撮影や子供への声かけを遠慮してもらうなどのお願いごとが学校で決まっていることもあります。安全面と保護者同士の交流のために，名札が用意されていることも増えてきました。いつもと違う様子に気持ちがそわそわしている子供たちにも，事前に約束事を確認しておきます。参観でも，指導するべきことは毅然とした態度で対応します。保護者

が見ているからと例外をつくると，日常の指導がうまくいかなくなります。

　授業参観に来られない家庭もあることを配慮して，さびしい子供の気持ちに寄り添うようにします。親子（祖父母）で一緒に活動する場面があれば，事前に誰の参加が可能かアンケートをとるようにします。

　また，参観者の確認をするために，名簿を置いてチェックをしてもらうこともありますが，できれば毎回新しい名簿に交換して，なかなか参観できない家庭に配慮します。その際，名簿に「参観ありがとうございます」と手書きで添え書きがあると和みます。

4　今日の見どころの紹介

　授業内容については，事前に学級通信や週案などで連絡することが多いです。「授業の見どころ・内容」を各教室の廊下に掲示している学校もあります。学年で教科が統一してあったり，ふれあい活動や体験学習だったり，発表会形式だったり，と授業の形態も様々です。「普段通りの学習しているところを見たい」と座学の授業を希望する保護者もおられるので，年間を通して，バラエティに富んだ内容で授業を公開するようにします。

　当日に忘れ物をして子供が恥ずかしい思いをすることがないように，何か道具を使う場合は，前日のうちに集めておくと安心です。

　教材研究や準備をしたら，あとは笑顔で楽しく授業に臨みましょう。子供の前に立つ教師の姿も教室環境の一つと心得て，服装にも配慮しましょう。

5　個別の配慮

　授業参観を楽しみにしている子供もいる一方で，苦手にしている子供もいます。話し声やスリッパの音，見慣れない多くの人に見られる緊張感でイライラしてしまう場合もあるでしょう。そのようなときの合図や対処法を子供と決めておいたり，事前に保護者と相談したりしておくと安心です。

（古賀　央子）

11月 November

クラスづくりの要所
自主性をもった集団を目指して

1 今月のクラスづくり TODO

- ☑ 子供主導でできる活動を増やす。
- ☑ 進んで学習する経験を積ませる。
- ☑ 学習の結果だけでなく過程をほめる。

2 学校生活

　繰り上がりや繰り下がりの計算が入り，読み書きも一段と難しくなるため，学習面での個人差がさらに開く頃です。個別指導を要する場面が増えますが，個に関わりながらも一斉学習のねらいと進度は保たなければなりません。そのためには，教示を徐々に減らしながら自主的に学習する習慣を付けさせることも大切です。1年の後半で自主性をもった学級集団を育てたいものです。

3 学級経営の勘所

①担任主導を部分的に子供主導へ ------------------------------------

　これまで担任が指示していたことを部分的に子供に任せると，1年生はそれに応じようと張り切り，学級全体に活気が出ます。例えば，授業開始後の5分程度子供主導で音読や計算等に取り組む，掃除後のチェックを子供相互で行うなどです。単に子供任せにするのではなく，担任の管理下で，意図的・計画的に子供の自主性を高める仕組みをつくることが大切です。

おそうじ　チェックひょう
いまから　おそうじチェックを　します。

① 2じ50ぷんまでに　とりかかりましたか。
② むごんで　できましたか。
③ すみっこまで　できましたか。
④ どうぐの　あとしまつは　できましたか。

あしたの　リーダーは　○○さんです。
あしたも　おそうじを　がんばりましょう。
これで　おそうじチェックを　おわります。

掃除チェックマニュアルの例

②隙間の時間を利用した自主学習

　課題が早く終わって他の友達を待つなど，１年生では，足並みを揃えるための隙間の時間が意外と多いものです。そこで，知的好奇心を満たすワークプリント（学習の要素が入った迷路，クイズ，空間認知の力を高める図形の模写など）を準備し，隙間の時間に自分で選んで取り組むシステムにしておくとよいと思います。自分だけで進められるよう，ヒントとなる材料（文字の表や計算カード等）を各自机の横にかけるなどして持たせておくようにします。自分で課題を選び，楽しんで学習する経験は，上学年の「自主学習」につながります。

いつでも使える文字表

③学習の過程をほめて雰囲気づくり

　学習の結果をほめることも必要ですが，子供が学習に取り組む過程をほめることはさらに大切です。課題に取り組んでいるときに「今，いい姿勢で書けていますよ。その姿勢を続けましょう」「もう一度計算をして答えを確かめているのですね。よく気を付けていますね」と，その場で具体的にほめることは，自己肯定感を向上させ「自ら頑張る力」を育てます。また，努力することの大切さを感じさせ，適切な学習態度を強化することにもつながります。机間指導で全員をほめ，みんなで頑張る雰囲気をつくりましょう。

4　個別の配慮

　学習面での個別の配慮として，内容や量，場の調節等が挙げられますが，いずれも，本人と話し合って決めるようにしましょう。子供の実態に合わせ，「少し頑張ればできる」レベルのものを提示します。選択肢を与えて自己決定させることが，その後の自己肯定感をさらに高めます。課題は小分けに提示し，小さな成功を積み重ねる経験が有効です。

（中島　孝子）

11月

3章　学級づくり・授業づくり12か月のアイデア　**113**

⏱ 20分

🍀 仲間づくり SST
一本フラフープ！

1 ねらい

※下記の力を集団で高める。
- ☑ 相手に合わせて体を動かし，集団行動へつなげる。
- ☑ 勝敗がついたときの態度を身に付ける。

2 方法

〈準備物〉・フラフープ
〈場づくり〉・教室で行う場合は，机や椅子を移動させる。
・4人組

〈内容〉
① 4人で円をつくり，中心にフラフープを置く。
② 中腰になり，フラフープの下に人差し指を置き，「せーのっ」という掛け声に合わせて，フラフープを持ち上げる。
③ フラフープが上がるまでの時間を競う。

〈アレンジ〉
・フラフープを上げた後に，掛け声に合わせて下げることで，難しくすることもできる。

3 授業の流れ

①導入の教示

運動会などのダンスや行進などの例を挙げて，一人一人は上手でも全体が揃っていないときれいに見えないことがあると伝え，動きを揃えたり息を合わせたりする大切さを伝えます。そのためには，「かけ声をかける」「目で合

図する」「同じ動きをする」といったスキルが必要であることを説明します。

②モデリング・リハーサル

　モデリングの際は，実際に教師を含めた4人でやって見せましょう。そのときに，わざと教師がタイミングをずらすなどして，失敗の様子も具体的に示します。リハーサルのときには，グループ同士で活動の様子を見合わせます。見ているグループは，よいところを見付けたり，失敗したときに「どんまい」と声をかけたりさせます。教師は，「かけ声があっていたね」「今，目を合わせたね」など，息を合わせるために子供たちがやっていることを見付けて，具体的に言葉にしていきます。

③フィードバック・般化

　グループがしているところを交互に見合わせたあとに，見ていたチームから感想を述べさせます。「目を合わせていた」など子供たちから息を合わせるコツを見付けさせていきます。日常生活において，子供たち同士でかけ声をかけて，ものを運ぶ等の様子が見られたら，このスキルが使えていることをほめ，全体に紹介するとよいでしょう。

④指導上の留意点

　うまく持ち上がらないところはないか，掛け声がかけられているかどうかを観察します。教師が実際に入って，やり方のコツを教えるとよいでしょう。

4　個別の配慮

　不器用さや衝動性，緊張感などからうまくフラフープを持ち上げられない子供がいます。指を2本にして行わせたり，モデリングでわざと教師が失敗する様子から，初めから上手くできなくても大丈夫という安心感をもたせたりして，取り組ませるようにしましょう。

（深海　春佳）

生活場面の指導
一人一役！することがわかる当番活動にしよう

1 指導のポイント

　子供たちに学級集団の一員としての意識をもたせ，自主的に活動させるために，当番活動は大切です。給食当番や日直の仕事など全員がローテーションで行う当番活動もあれば，プリント配りや電気消しなど，毎日決まった仕事に取り組む係活動もあります。係活動では子供たち全員が一人一役で活躍できるように役割を分担し，子供自身が自分の当番や仕事の内容，及びその進捗状況を一目でわかるような工夫が必要です。

2 することと終わりがわかる工夫

　当番活動では，例えば日直の仕事を例にすると，窓開け，窓閉め，朝の会・帰りの会の司会などの仕事があります。この内容を具体的に一つずつカードに書いて取り組む順番に並べて掲示し，子供が仕事を終えたら自分でカードを裏返すようにします。この工夫で子供たちは何をすればよいか把握でき，また，何の仕事が終わって何の仕事が終わっていないか一目でわかります。全部の仕事が達成できたあとに「ありがとう」と感謝の言葉が出てくるようにすると仕事への意欲が高まります。

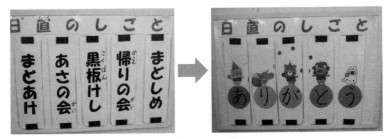

日直の仕事内容の掲示

3 一人一役の「とうばんのしごと」表の作成

　学級全員の名前が入った一人一役の「とうばんのしごと」表を作成しましょう。まず，係ごとにまとめて子供のネームプレートを貼ります。その日の仕事が終わってネームプレートを裏返すと笑顔マークが出てくるように工夫しておくとよいでしょう。こうすると，誰が終わっていないのかすぐにわかるので，担任だけでなく子供たち同士でも取り組み状況が把握しやすくなります。このとき，子供たち同士がお互いに助け合うような言葉かけや，手助けの仕方も同時に教えることが大切です。

　また，係ごとに，「やること（仕事の内容）」を示した掲示物を作成して掲示しましょう。自分の仕事を忘れやすい子にとっては，これを確認させ，自分の仕事を思い出させることも大切です。また，他にどんな係があるのかわかるので，子供にとって次の係決めのよい情報になります。

一人一役の「とうばんのしごと」表

係の仕事内容を記した掲示物

4 個別の配慮

　役割を決める際には，子供の特性に応じた仕事を割り当てることが大切です。例えば，一度に多くの仕事を覚えることが苦手な子には，仕事の量が少なく内容がわかりやすい当番を担当させ，「自分もできた」という成功体験を積み重ねることで活動に対する意欲を高めましょう。　　　　（四方　康雄）

「じどう車くらべ」（教育出版・光村図書）

授業づくり【国語】
「じどう車くらべ」クレーン車の仕事とつくりを説明しよう

1 授業のポイント

　教科書と違う絵を提示することで，絵の不十分さについて，子供は一生懸命説明し始めます。「どこが，なぜおかしいか」について話し合うことで，内容に迫ることができます。

2 授業の流れ

①この絵のおかしなところは？

　子供たちが教材文をすらすらと読めるようになってから行います。

　事前に教科書のクレーン車の挿絵を参考に，そのつくりと反対のしかけ絵を用意します（うでが短い，うでがほそい，あしがない，うでがのびない）。

　授業の最初に，子供たちに，「今日勉強するクレーン車を紹介するよ」といって，しかけ絵を子供に提示します。すると，子供たちから「このクレーン車おかしいよ」という声が上がります。そこで，「ペアでおかしいところを見付けたら座ろう」と告げます。子供たちは，しかけた観点にそった意見を出すことでしょう。

②どんな仕事？

　間違いの指摘をした後に，正しい絵とクレーン車の教科書本文を一文ごとにカードにしたものを提示します。そして，「クレーン車の腕が短いとどうしてだめなの？」と発問すると，「腕が短いと高いところまで届かない」「重いものを『吊り上げる』仕事だから腕も太くなくっちゃいけない」など，絵と叙述を関連付けた発言が出ます。そこで，教材文全体に対する「どんな仕事をしているのでしょうか」に対する答えの文が，「重いものを吊り上げること」であることを押さえます。

③どんなつくり？

さらに，クレーン車の腕や足が，人間の体のどの部分になるかを確認して，黒板の前で代表の子供に動作化させます。その際，「車に足があるなんて変だね」と，揺さぶりをかけます。「足がないと簡単にたおれちゃう」「重いものを吊り上げる仕事ができない」など，「仕事とつくり」の二つの関係が理解できるようになります。

④クレーン車になってみよう

最後に，どのペアも一人ずつナレーターとクレーン車に分かれて教材文に合わせて実際に動作化するようにし，全員で確認していきます。そして，「クレーン車の仕事は，おもいものをつり上げる しごと」「クレーン車のつくりは，じょうぶなうで と しっかりしたあし」の□部分を自分の言葉で言わせることで，読みを確かなものにしていきましょう。

3 ユニバーサルデザインの視点

まず，学習内容を「叙述の中の問いと答えの文の見分け」に絞ります。（焦点化）

そして，しかけ絵の提示や挿絵との比較，教科書本文のカードで「しごと」と「つくり」を表す言葉に注目しやすくします。（視覚化）

全体で内容を確認した後には，動作化をすることを通じて個々の子供の理解を深め，クレーン車の「しごと」と「つくり」について言葉でまとめることができるようにしていきます。（共有化）

11月

4 苦手さのある子への配慮点

挿絵やイラスト，動画などの視覚的な情報をなかなか正確に読み取ることができない子供もいます。「これだけ用意すればわかるだろう」と思い込まず，子供の表情などに気を配りながら授業を進めることが大切です。

（笠原 三義・日野久美子）

授業づくり【算数】
「ひきざん」何から引いたらいいのか考えよう

1 授業のポイント

　繰り下がりのひき算について初めて学習する場合，算数ブロックを使って操作活動を行いながら自分なりの考え（数え引きや減加法，減減法）をもたせ，速くて簡単な方法を見付けさせます。

2 授業の流れ

①繰り下がりのないひき算の復習を行い，本時の学習を確認する ------

　既習事項である繰り下がりのない２位数－１位数の問題を解かせ，１の位同士で計算すればよいことを，ブロックを操作しながら確認します。本時の問題文から12－9の式を立てさせたうえで，これまでの１の位同士の計算ができないことに気付かせ，「計算の仕方を考えよう」という学習のめあてを提示します。

②算数ブロックを使って，計算の仕方を考える ----------------------

　被減数「12」がブロックの10のセットが１つとバラが２つ（12は10と２）ということを確認し，その並べ方を統一します。机間指導し，数え引きの方法を考えることができた子供には，もっと簡単な速い方法がないか声をかけます。また，ブロックをどのように動かしてよいかわからず，なかなか取り組めない子供には，「９ひく」ことは，「12から９ブロックをとればいいね」と声をかけたり，数え引きを一緒に行ったりして答えを導き出させます。

③いくつかの方法について，ブロックを操作しながらよりよい方法を考える ---

　子供の考えの中で，「数え引き」「減加法」「減減法」を取り上げて，みんなの前で説明させます。「減減法」の考えがない場合は，あえて取り上げないようにします。取り上げた方法を，子供たち全員にブロックを使って再現

させます。その際，「○から□を引きます」「○と□を合わせます」などと復唱させながら一緒にブロック操作を行います。また，「どの方法が速くて簡単にできるかな」と問いかけ，ペアで話し合って発表させます。ブロック操作で10から引く方法（減加法）が速くて簡単であることに気付かせます。

④全体で12－9の計算の仕方をまとめ，適応問題を解く

全体の話し合ったこと（ブロック操作）をもとに，12－9の計算の仕方を，言葉と図を用いてまとめ，全員で読ませます。計算の仕方については，学年や学校で言葉や図を統一し，子供の戸惑いを軽減させます。適応問題でも，減加法のブロック操作を行わせ，そのよさを実感させます。

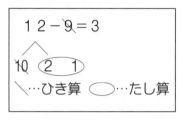

計算の仕方の例

3 ユニバーサルデザインの視点

算数ブロックの操作を通して，計算の方法を見付けたりよりよい方法を考えたりさせます。（焦点化）

取り上げた各種の計算の方法を，ブロックを使って全員に再現させる中から，減加法のよさに気付かせます。（共有化）

計算の仕方について，ブロック操作を言葉と図に置き換えます。（視覚化）

4 苦手さのある子への配慮点

図形などは得意なのに，計算では10の合成・分解の習得にもつまずく子供がいます。このようなタイプの子供にとって，繰り上がりや繰り下がりを含む計算はとても難しい問題です。1年生のこの時期だからこそ，ブロックなどを操作しながら取り組ませましょう。周りが焦らずに子供のペースを見守り，わかった喜びをともに味わうことが今後の意欲につながります。

（妹尾知恵子・真子　靖弘・日野久美子）

保護者対応の工夫
個人面談の工夫

1 行事として行われる個人面談

　個人面談は担任と保護者が1対1で話をする機会です。学校行事としては学期末に行われることが多く，15～20分程度の時間をかけて話をします。

　限られた短い時間の中で話をするためには，話す内容の見通しをもっておくことが大切です。学習面，生活面，交友関係などの中から，まずは子供が頑張った姿を紹介するようにします。係活動や当番活動に率先して励んでいることなどを伝えると，「家では甘えてばかりで，何もしないんですけどね」と意外そうな顔をしながらも喜んでくださいます。

　学習面で課題がある子供の場合，ワークシートやノートなど具体的な資料を見せながら話をするようにします。もし，文字の習得が目標に到達できていない場合でも，「長期休みの間に覚えるよう，家庭でも頑張らせてください」のような一方的なお願いは禁物です。面談の時点で，「どの文字の習得ができていないのか」「誤りやすい計算問題の傾向は何か」などを担任として分析しておき，そのうえで具体的な方法をアドバイスします。

　生活面で課題がある子供の場合，身辺整理などは家庭での悩みとも一致することが多いため，学校と家庭で一緒に取り組めそうなことを話し合います。色鉛筆や絵の具など紛失している道具もあるため，補充や記名をお願いするよい機会になるでしょう。

　行動・対人関係面で課題がある子供の場合，面談の場で今までのトラブルをまとめて報告をするということは避けます。保護者も話題を予想して気持ちが進まないままに来ておられるかもしれません。学校と家庭での姿が大きく違うということもありますから，学校という変化の多い小さな社会でどのような姿を見せているかをまず知っていただきましょう。そのうえで，子供

がよい方向に進めるようにともに話し合うという姿勢を示すことが大切です。

2 事前の準備など

　1年生の場合は，面談後に大きな道具（アサガオの植木鉢など）を持ち帰ってもらうこともありますので，事前に通信でお願いするとともに，帰りに思い出していただけるよう，掲示物で視覚支援をしておきます。

　また，面談会場だけでなく，順番待ちの場所についても事前にお知らせしておきます。時期に応じた防寒対策などのお願いも必要でしょう。待ち時間の間，パソコンのスクリーンセーバー機能などを使って，撮りためておいた行事の画像を上映して楽しんでもらうのもいいかもしれません。

　面談では笑顔を多めに，しかし真剣な話は表情を引き締めて話します。面談が終わったら，次の保護者をお迎えがてら，廊下まで見送りましょう。

3 個別の配慮

　保護者から，発達障害の傾向などを念頭に置いて「うちの子には，何か課題があるのでしょうか」と尋ねられたときには，短い面談の場での即答は避けます。保護者の不安を受け取ったことを伝え，今後，同学年担任や特別支援教育コーディネーターなど複数の目で見守ることの承諾を得たり，スクールカウンセラーの相談につなげることを提案したりします。次の面談の約束をしておくと安心感につながります。

11月

4 臨時に行う個人面談

　子供のことで，臨時に面談を行うことがあります。こちらからお願いする場合，「呼び出し」のようで気が進まない保護者の気持ちに寄り添い，保護者の都合のつく時間帯に，あらかじめ終了時間を決めてから行います。また，保護者から「面談してほしい」という要望があった場合は，どのような内容か確認し，準備を整えて対応します。その場での記録は，保護者の了承を得てから行いましょう。

(古賀　央子)

3章　学級づくり・授業づくり12か月のアイデア　**123**

12月 December
クラスづくりの要所
寒さに負けないエネルギー

1 今月のクラスづくり TODO

- ☑ 子供同士のつながりをつくる。
- ☑ 目立たない子供に目を向ける。
- ☑ 体調に注意を払う。

2 学校生活

　冬場はどうしてもエネルギーが下がりがちで，朝起きられずに登校を渋るといった不適応も出やすくなります。体調の悪さがその後の不適応の引き金になることも少なくないので，子供の体調にはいつも以上に気を配りましょう。エネルギーの低下を防ぐには，心の健康も大切です。1年生にとっては，ほめられる，みとめられることが何よりのエネルギーです。

3 学級経営の勘所

①担任の対応をモデルにした子供同士のあたたかいつながり

　この時期，耐寒や学級の連帯を目的に，駅伝やなわとびに取り組む学校が多いようです。タイムや回数を競う場合には，勝敗にこだわり過ぎて，苦手な子供が参加しなかったり，失敗を責め合ったりすることがないよう気を配る必要があります。苦手な子供への担任の対応は，他の子供にとってのモデルです。担任がスモールステップで教え，わずかな上達をほめていけば，子供も同じように友達に教え，ほめ，応援し，子供同士のあたたかいつながりが生まれます。このようなあたたかい雰囲気は，大切なエネ

心を一つになわとび大会

ルギーとなります。

②目立たない子供へのメッセージ

「先生，ぼくを見て！」と言えない子供がいることを忘れてはいけません。根気強く学習に取り組む子供，黙々と掃除をする子供，支えの必要な友達にいつも寄り添う子供は，「まじめ」「優しい」など，もって生まれた性格ととらえられがちですが，どの子も努力や我慢を重ねています。このような，「目立たないけれど，やるべきことをやっている子供」は，学級内になくてはならない存在です。よい点を見逃さずにほめ，「あなたの努力をちゃんと見ているよ」というメッセージを必ず送りましょう。これが，努力を支えるエネルギーになります。

- すぐそばで個別に
- よい点を具体的に
- 「先生，うれしいよ」など，担任自身の気持ちを添えて
- 「○○先生がほめていたよ」など，間接的な称賛も有効

効果的なほめ方の例

③子供の体調不良に気付けるように

1年生にとって，自分の体調をモニタリングすることはまだ難しく，痛みや不調を感じにくい子供もいるので，担任が早く体調不良に気付いてやりたいものです。さっきまで元気に遊んでいたのに突然ぐったりすることもよくあるので，顔色，動き，食欲，集中の様子などに注意を払う必要があります。体調不良による嘔吐や排泄の失敗が増える時期なので，折に触れ，誰にでもありうること，当事者を傷つける言動は厳禁，何事もなかったように振る舞うのが思いやりであることなどを伝えておくとよいと思います。

12月

4 個別の配慮

テストの問題数が増えて問題文も長くなるので，読みの苦手さや集中力の弱さといった発達の特性のため実力が発揮できない子供が出てきます。「読解力を見る問題なので，問題文にルビをふったり教師が小声で読み上げたりしてやる」など，そのテストで評価したい観点をはっきりさせると，手助けしてもよいことが見えてきます。子供の実態に合わせて条件を整えることが意欲につながります。

(中島　孝子)

⏱ 20分

仲間づくり SST
まねっこゲーム！

1 ねらい

※下記の力を集団で高める。
- ☑ ルールを理解して守り，気持ちをコントロールする。
- ☑ 合わせる心地よさや楽しさを感じ，集団行動への意欲を養う。

2 方法

〈準備物〉 ・ルールを書いた用紙 ・動きカード
〈場づくり〉・教室で行う場合は，机や椅子を移動させる
〈内容〉
①オニ（王様を見つける役）を一人決めて，教室の外で待つ。
②王様を一人決めて，王様も一緒に円になる。
③オニは，円の中心に入って，王様が誰なのかを当てる。
④その他の子供は，しゃべらずに王様の動きを真似する。

〈アレンジ〉
・王様のポーズを「動物ポーズ」や「喜怒哀楽ポーズ」など，動きの種類を変えていくと王様でない子供たちも楽しく参加することができる。

3 授業の流れ

①導入の教示

遊びの中で，「オニになりたくなかったから」「負けたから」という理由で，遊びをやめたり，友達とけんかになったりしたことはないか尋ねます。「ルールを守る」「負けても，『まあ，いいか。つぎがある』と思う」ことができるようになれば，いつでもみんなで仲良く遊ぶことができると伝えます。

②モデリング・リハーサル

「1回は3分間とする」や「王様を当てるチャンスは3回まで」「しゃべらない」などルールや時間の確認をします。教師が王様になり、「動きカード（バンザイポーズ、めがねポーズなど）」を元にして動く練習をします。また、オニから王様を見付けられたときにどんな態度をとるか考えさせます。クラスを二つに分けて、「大げさに喜ぶ」や「負けて怒る」などの態度を行わせます。オニに見付かっても「まあ、いいか」と気持ちを切り替えて、次のゲームに向かうようにします。

③フィードバック・般化

オニになった子供には、王様をどうやって探したのか聞いたり、王様には、オニから見付からないように動くコツを尋ねたりします。周りの子供には、上手な真似っこの方法を尋ねます。遊びの中にはいろんな役割があってそれぞれにルールを守ることで楽しく遊ぶことができることを確認します。お楽しみ会やクリスマス会のゲームの一つとして取り上げて、1年生にとって複雑なゲームであっても、楽しくできた経験を積ませます。

④指導上の留意点

はじめて行うときには、ルールを理解して、堂々と大きくポーズできる子供を王様やオニに選ぶと、その後の活動のモデルとなります。

4 個別の配慮

ルールや展開がわからずにゲームに参加することにしり込みする子供や、オニや王様になれないことが不満で参加できない子供がいるかもしれません。無理に参加させず、全体の様子を見学させるなどして、慣れてきたら少しずつ集団に入るように声をかけましょう。

（深海　春佳）

生活場面の指導
どこ，何で，誰と，どれくらいが明確な掃除の指導をしよう

1 指導のポイント

多くの学校では，子供にとって楽しい昼休みが終わると同時に掃除の時間が始まります。友達と一緒に自分たちの学習の場をきれいに掃除することを通して，働くことの意義や喜び，満足感を味わわせることが大切です。12月は大掃除もありますが，基本的な道具の使い方や掃除の仕方をわかりやすく示し，教師もその場で一緒に掃除しながら指導しましょう。

2 「どこ」「何で」「誰と」「どれくらい」を明確に

掃除をするときに，「どこ（場所）」「何を使って（道具）」「誰と一緒に（人）」が示された「掃除当番表」で子供たち一人一人の役割が明確になるようにしましょう。これらが明確になっていると，掃除時間になったときに，掃除道具の取り合いや誰と一緒にするかというようなトラブルが回避できます。また，廊下の掃除なら「階段横から教室入り口の前まで」，雑巾がけは「○回」など「どれくらい」も具体的に指示します。具体的な場所や回数を

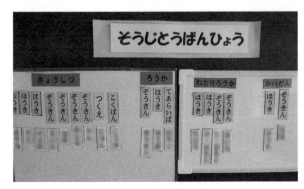

掃除当番表

視覚的に文字や図で示すと「どれくらい」がよりわかりやすくなるでしょう。

3 道具の使い方・掃除の仕方を教える

　学校の掃除で使用する道具（雑巾やほうきなど）を家庭で使っている1年生の子供は多くはないでしょう。そこで，雑巾の洗い方・絞り方，ほうきの握り方・使い方など一つ一つ道具の使い方を具体的に子供たちに教える必要があります。教師が「言って聞かせる」だけでなく，「やって見せる」「子供にその場でやらせてみる」というようにていねいに指導しましょう。掃除のやり方も，例えば，「①ほうきで掃く→②雑巾で拭く」という動きについて，電車のように順番に列をつくって効率的に行う方法を教えることも大切です。学校全体で掃除のやり方を統一して取り組ませ，掃除道具の使い方や掃除中の態度など，よい手本として上学年児童の様子を見せましょう。

4 ごみの終着点を示す

　ほうきや雑巾で掃いた教室や廊下のごみを集める場所を，ビニールテープなどで枠を作って明確にすることで，あちこちにごみが散らばることを防ぎます。また，ごみを集める場所（ゴール）が明確になることで，どこからごみを集め始めればよいか掃除始めのスタート地点がわかります。

枠の中にごみを集めている様子

5 個別の配慮

　ていねいに指導をしても，自分の仕事に上手く取り組めない子供がいます。そのようなときは，「黒板の溝のチョークを片付ける」など，役割をさらに細分化し教師のそばで取り組ませましょう。この時期は「自分も友達と同じように教室をきれいにすることができた」という満足感を味わわせることが大切です。

（四方　康雄）

📖「ずうっと，ずっと，大すきだよ」(光村図書)

🦋 授業づくり【国語】
「ずうっと，ずっと，大すきだよ」お話のよいところを話そう

1 授業のポイント

「ずうっと，ずっと，大すきだよ」は，読書単元の中で紹介されている教材です。お話のあらすじをとらえながら，好きなところを選んで話せるようにしましょう。

2 授業の流れ

①どの順番？ --

「このお話は，こんな順番のお話でしたね」といって，物語の挿絵をばらばらにして，順番を入れ替えて黒板に貼っていきます。子供たちからは，「おかしいよ！」「それはちがう！」という声が上がるでしょう。そこで，2人組で，挿絵を正しい順番にするとどの順になるかを話し合わせます。そののち，正しい順番を確認します。

②どこが，間違い？ --

次に，それぞれの挿絵の場面を表している文の書かれたセンテンスカードを，挿絵の下に貼っていきます。そして，この中に「エルフはすばらしい犬です」や「ぼくは，エルフのつめたいおしりを，いつもまくらにするのがすきだった」などと間違いを入れておきます。子供たちは，「すばらしい犬じゃなくて，せかいでいちばんすばらしい犬だよ」「つめたいおしりじゃなくて，あったかいおなかだよ」と間違いを指摘することでしょう。

この，間違いは，主人公のぼくとエルフのあたたかい関わりや，エルフに対する心情が抱えている場面を選んで間違いに置き換えておきます。このことによって，エルフに対するぼくの思いをより意識してとらえることができるようになることでしょう。

130

③このお話のよいところは？--

　センテンスカードの間違いを確認したところで，「どの場面が一番好きですか？」と問い子供たちに一つ選ばせます。

　選んだあとで，どこを選んだか全体で確認し，同じ場所を選んだ子たちで席を立って集まり，どうしてそこを選んだのかを話し合わせます。選ぶことができなかった子供たちには，好きなグループに行って意見を聞いて決めるように促します。

　次に，「自分とは違う意見の子とお話ししましょう」と言って，自分とは別の意見を聞きに行かせます。その中で，選んだ場面が変わってもよいことを告げておきます。

④よいところを，発表しよう--

　最後に，自分の選んだこのお話のよいところを発表していきます。場面を区切り，内容を読み込んだうえで同種・異種の意見を聞いた子供たちからは，多くの意見が出てくることでしょう。

3　ユニバーサルデザインの視点

　まず，センテンスカードを提示することでぼくとエルフの関わりから好きなところを選ぶように絞ります。（焦点化）

　そして，センテンスカードや挿絵を使って場面の状況をわかりやすくします。（視覚化）

　考えさせる発問をした際には，適宜隣の子と話し合わせるなどして子供たち同士でも学びを深めさせます。（共有化）

4　苦手さのある子への配慮点

　少人数のグループやペアでの話合いでも，なかなか自分の気持ちや意見などを言葉にできない子供がいます。「何を話し合うのか」を明確に示し，必要に応じて事前に用意した選択肢から選んだり，友達の意見の中から賛同したりしてもよいことを伝えましょう。

（笠原　三義・日野久美子）

3章　学級づくり・授業づくり12か月のアイデア　**131**

授業づくり【音楽】
「いろいろなおとをたのしもう」耳をすまして聴いてみよう

1 授業のポイント

　鑑賞教材『シンコペーテッド　クロック（アンダソン作曲）』（教育芸術社1年音楽より）では，聴こえてきた楽器の音色やリズム，楽曲全体の楽しさを，体を動かしながら感じ取らせます。

2 授業の流れ

①鑑賞する曲に興味をもつ ---

　鑑賞する曲に関して何も説明せずに，1度曲を聴かせます。「どんな音が聴こえてきたかな」と問いかけ，「カッコッカッコッ」「リリリ……」などと聴こえた音を思いのままに発言させます。

　その後，目覚まし時計の秒針が動いたりベルが鳴ったりしている動画を見せることで，この曲で使われている楽器の音と目覚まし時計の音を結び付けるようにし，もう一度曲を聴いてみたいという気持ちを高めます。

②楽器の音色やリズムを感じ取りながら体を動かして聴く -------------

　主な音色の楽器であるウッドブロックとトライアングルについては，実物を見せたり音を出したりしながら紹介し，「ウッドブロックやトライアングルのリズムに合わせて体を動かそう」「トライアングルの音が聞こえてきたらジャンプしよう」などと声をかけ，部分的に何度か聴かせます。

　「友達の真似をしてもいいよ」と声をかけ，友達と体を動かしながら一緒に鑑賞を楽しませるようにします。リズムを取ることが難しい子供のために，楽器カードやリズムカード（図1）を準備しておき，それらを指さしながら聴いてもよいことにします。

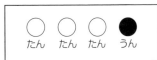

図1　リズムカード例

③**楽曲の楽しさを意識しながら全体を通して鑑賞する**

　曲に合わせて体を動かしながら鑑賞させます。その際，4～5名のグループで円になり，手をつないで回ったり，しゃがんだりと自分たちの思い付いた動きを入れながら聴かせます。秒針の音やベルの音をうまく表現したり，楽しそうに動いたりしているグループには，「～の動きがいいね」「～がいいね」「とても楽しそうだね」などと具体的にほめるようにします。

④**鑑賞した曲について，感じたことを表現する**

　みんなと一緒に体を動かして鑑賞した曲について感じたことを，ワークシートに書かせます。言葉だけでなく，表情カード（図2）を参考にさせながら，自分の気持ちに一番合うものを描かせるようにします。

図2　ワークシート・表情カード例

3　ユニバーサルデザインの視点

　楽曲に使われている楽器を実際に見せたり音を出したりしながら紹介することで，その音色やリズムを意識して聴かせます。（焦点化）

　音楽に合わせてグループのみんなで一緒に体を動かしながら鑑賞することで，楽曲の楽しさをより深く感じさせます。（共有化）

　楽器の実物や動画を見せて，イメージしやすくします。（視覚化）

4　苦手さのある子への配慮点

　楽しく体を動かしているうちに，だんだん高まってきた気分を自分で抑えきれずに，どんどん動きが激しくなって友達とトラブルになる子供がいます。体を動かす場面では，まず，全員の子供に「先生が○○のサインを出したらすぐに椅子に座ります」などのルールを視覚的に示しておきましょう。その子供にさりげなく再確認してから，取り組ませるようにします。上手にできたら「最後まで楽しく活動できたこと」を一緒に喜びましょう。

（妹尾知恵子・真子　靖弘・日野久美子）

保護者対応の工夫
保護者会後は楽しくすっきりしてもらおう

1 保護者会

　保護者会が終わった後，子供の靴箱付近でお母さんたちが熱心に話し込んでいる姿を見かけることがあります。楽しそうな笑い声が聞こえていればよいのですが，ひそひそ話だとどんな話題か気になります。

　「靴箱から始まる保護者会」にしないために，楽しくすっきりとした気持ちで学校を後にしてもらえるよう，保護者会を工夫しましょう。

2 事前の準備

　学校の行事だけでは，保護者同士の交流の機会が少なく，社会体育や習い事の関係で顔見知りになるパターンが多いです。1年生の場合は，あちこちの幼稚園，保育園（所）から集まってきていることや，最長子が多いこともありますので，保護者の交流のきっかけになるような工夫をしてみましょう。

①子供の手作り名札を用意する
　　安全と交流のために，名札を付ける学校もありますが，付ける位置や角度によってはお互いの名前が見えづらいこともあります。机上に画用紙で作った三角の名札を置くとわかりやすいです。子供に大きく自分の名前を書かせて作ります。この名札は，学級会などいろいろな活動場面で何度も利用できます。

②座席を工夫する
　　一斉授業ではないので，コの字型，ロの字型，円型などお互いの顔が見えるようにします。机の有無は，筆記の必要性で判断します。

③資料を準備する
　　事前に本日の主な話題をアンケート等で募っておくと，「聞きたい，知

りたい」情報について話し合うことができます。関連した参考資料を用意しておくと，保護者に喜ばれます。

3 保護者会の運営

緊張した面持ちで集まってこられることもあるので，まずは数分で済むアイスブレイクゲームなどから始めると一気に場が和みます。座ってできるものから移動するものまで様々な種類がありますので，集団の規模や雰囲気に合わせて選びましょう。このような場が苦手な方もおられますので，盛り上げることが目的ではなく，あくまで緊張をほぐすために行います。

その後，場が和んだところで自己紹介をしてもらいますが，ここで悩みを話されると時間がかかり，雰囲気も重くなりますので，子供の名前程度にとどめます。「子供の話題に出てくる，○○ちゃんのおうちの方」と知ってもらうことが大切です。

その後は，学級や子供の様子を話したり，「お小遣いについて」などの事前に決めた話題で意見交換をしたりなど，予定の時間を守って進めていきましょう。上に兄・姉がいて子育ての経験豊かな方，祖父母，父親の参加もあると，いろいろな立場からの意見を聞くことができて有意義です。

4 配慮が必要な子供の保護者

発達障害やその他の障害・特性を背景として学級の中で何らかの課題を抱える子供の保護者から，「他の保護者に伝えたいことがある」という相談があった場合は，どんなことを伝えたいのか，それによって何を解決したいのか，事前に話を聞かせてもらいましょう。カミングアウトを希望されることもありますが，時期や内容等を十分話し合い計画的に慎重に進めていく必要があります。

保護者会が，不平や不満を出し合ったり，誰かを批判したりするような場にならないように十分気を付けます。参加される保護者の気持ちに寄り添い，よき理解を得て前に進むための有意義な会にしたいものです。　　（古賀　央子）

3章　学級づくり・授業づくり12か月のアイデア　**135**

1月 January

クラスづくりの要所

2年生への見通し

1 今月のクラスづくり TODO

☑ 3月までにやることを伝える。
☑ クラス替えや担任交代への心構えをさせる。
☑ 学級会を充実させる。

2 学校生活

　冬休みが終わり，いよいよ1年間のまとめの時期です。学習や行事に追われ，あっという間にこの3か月は終わりますから，計画的に学級経営を行わなければなりません。冬休み明けの生活リズムを整えながら，あと3か月で何をするのかを学級全体で共有し，進級への見通しがもてるようにします。

3 学級経営の勘所

①3か月のスケジュール提示で見通しを ------------------------------

　1月の時点で残り3か月の大まかな予定を示し，1年間の締めくくりである自覚をもたせます。この時期の1年生はまだ，「数か月先」がどれほどの期間なのかを明確に理解できるわけではないので，1・2・3月のスケジュールを一覧表等に示すとよいと思います。

1月			2月			3月　もうすぐ2年生‼		
6	金	しぎょうしき	3	金	2くみさんと　まめまき	1	水	おくる会リハーサル
10	月	2くみさんと　ゲームしゅうかい	6	月	年ちょうさんと　ミニこうりゅう会	2	木	6年生を　おくる会
13	金	パワーアッププリント　はじめ	8	水	ちいきのかたと　たこづくり	9	木	そつぎょうしきれんしゅう　はじめ
17	火	2くみさんと　ごうどう体いく	14	火	1，2年　たこあげ大会	14	火	2くみさんとゲートサッカー大会
19	木	CRT　こくご　きょう	17	金	さんかん日	16	木	そつぎょうしき　リハーサル
20	金	CRT　さんすう	20	月	ピアノコンサート	17	金	そつぎょうしき

スケジュール提示の例

136

②学級の壁をこえた活動で,クラス替えや担任交代の不安軽減

　不安の強い子供は,進級に伴いクラスの友達や先生が変わることで不適応を起こしやすくなります。そのような状況を防ぐため,この時期からクラス替えや担任交代を伝えて心構えをつくらせることが大切です。学年全体でゲームを楽しんだり,学級の壁を越えたグループ編成で体育や音楽等の授業を組んだりするなど,学級外の友達との活動はクラス替えのリハーサルになります。クラス替えがない場合でも,担任以外の先生と接する機会をできるだけつくるよう心がけます。

③学級会の充実でよりよいまとめ

　自分たちで学級会を進めることができるようになりますが,言語力や発言力の個人差に対応するため,下のような担任の介入が必要です。考えをもつことが難しい子供や,人前での発言が苦手な子供にも,話し合いに参加したという実感を必ずもたせてください。学級全体での話し合いが充実すると,学級の結束がさらに高まり,学年末のよりよいまとめにつながります。

> ○発言力のある一部の子供のみで話し合いが進まないよう,他の子供の意見を求める機会をつくる。
> ○全体の場で挙手・発言させる前に,近くの席の友達と考えを出し合う時間をとる。
> ○「同じ」「違う」という反応だけでも,大切な意見として尊重する。
> ○理由を述べることを必要以上に強要せず,意見が言えたことを認める。
> ○ネームプレートを黒板に貼るなどして,全員の意見が取り入れられたことを実感させる。

4 個別の配慮

　ひらがなの入門期と比べ,書字の上達が見られない,字形の乱れがひどくなるといった場合には,空間認知や協調運動の困難さが考えられます。マス目の大きなワークシートや手元に置く手本等で,苦手さを補う必要があります。誰でも使ってよいことにしておくと,子供の自尊心が傷つきません。(中島　孝子)

20分

仲間づくり SST
なかよしふくわらい

1 ねらい

※下記の力を互いに高める。
- ☑ 自分の役割をこなす態度を養い，集団意識を育てる。
- ☑ ルールを守る態度を身に付ける。

2 方法

〈準備物〉・福笑いセット　・目隠しするためのタオル　・机といす
〈場づくり〉・4人組をつくる
〈内容〉
① 4人グループで，実際にする役・パーツを渡す役・指示する役・ほめる役に分かれる。
② 4人で福笑いをする。

〈アレンジ〉
・グループで，福笑いのパーツを分担して作る時間を入れると，さらに役割意識が出る。
・福笑いを人の顔だけでなく，子供たちが興味関心のあるアニメのキャラクターにすることもできる。

3 授業の流れ

①導入の教示 --

　クラスの中の役割として，日直や給食当番を取り上げます。普段使っている一人一人の名前が書いてある当番表を示しながら，一人一人には役割があり，役割を守ると生活しやすいことやクラスがまとまることを説明します。

②モデリング・リハーサル

　実際に，教師を含めた4人がやってみせるとわかりやすいです。モデリングの際には，パーツが正しく置かれていないようにして，きれいに並べることにこだわらせないようにします。

③フィードバック・般化

　それぞれの役割を担った友達に対して，「○○さんが，～してくれて助かった，嬉しかった」と伝え合います。自分の役割が認められる嬉しさを感じさせます。般化においては，園児との交流会の際に，「福笑いであそぼう」といったミニゲームの時間を計画します。本番に向けて，園児に楽しんでもらうことを目標に，わかりやすい伝え方，励ます言葉について自分たちで考えるようになります。お兄さん・お姉さん役という面も加わり，より一層役割意識が芽生えます。

④指導上の留意点

　子供たちが使用する福笑いのシートには，指示するときのヒントとなる「上下左右」を書いておきます。

4　個別の配慮

　活動に夢中になって，自分の役割を忘れてしまう子供がいます。「わたす人」「おしえる人」「ほめる人」と書いた役割カードをもたせると役立ちます。

（深海　春佳）

🦋 生活場面の指導
1日の見通しがもてる朝の会の指導にしよう

1 指導のポイント

朝の会は、「1日の流れ」や「めあて」の確認などを通して、1日の活動について見通しをもたせるための大切な時間です。教師は、一人一人の子供の顔色や体調にも気を付けながら、楽しい学校生活の1日がスタートできるようにしましょう。

2 朝の会が始まるまで

朝の会は、それが終わってから1時間目が始まるまでに、学習の準備やトイレ、水分補給などもありますから、次の活動に支障がなく終えるようにします。そのためには、子供たちがスムーズに朝の会を始める工夫が必要です。例えば、登校したらすぐにすることをわかりやすく掲示しましょう。提出物や道具の置き場所や入れ物を固定しておくことも有効です。また、読書をしながら朝の会の始まりを待つことで、教室内に静けさが漂い、落ち着いた雰囲気で朝の会を迎えることができます。落ち着きが見られる集団は、子供たち一人一人に安心感をもたらします。1日の始まりを落ち着いた雰囲気で始めることは大切です。一方、朝早く登校して、運動場で遊ぶことを楽しみにしている子供もいます。朝の会の開始前には、③の状態でいられるように決めるといいでしょう。

【あさ　すること】
①しゅくだい，れんらくちょうをかごにいれる

②ランドセル，すいとう，ぼうしをたなにおく

③せきについて，本をよむ

3 1日の見通しのもたせ方

　朝の会の目的の一つは，子供たちに1日の学習や生活の流れとめあてを意識させる，つまり，見通しをもたせることです。そのために1日分の時間割をホワイトボード等に示し，その日全体の流れがわかるようにします。また，その時間割を学習の邪魔にならないところに掲示するなどして，子供たちがいつでも確認できるようにしておくことも大切です。

　朝の会の内容は学級ごとに決められますが，最後に「先生の話」を設定し，担任として，子供たちに今日1日をどのように過ごしてもらいたいのか，めあてを挙げながら語りましょう。めあては，今日1日の大切な目標ですから，子供たち自身にめあてを出させると，めあてを守ろうとする意識が高まります。もし，教師と子供の間にめあてに対する大きなずれが生じるような場合には，あらかじめ教師が用意した中から選択させてもよいでしょう。

4 健康観察

　出欠の確認や体調管理も兼ねて，健康観察を行います。一人ずつ名前を呼んで，子供が返事をするときの表情や声の大きさ，トーンなどから，いつもと違った様子がないか，気を付けてよく観察します。気になることがあったら，連絡帳などで家庭からの連絡がないか確認し，その日1日子供の様子に気を付けることが大切です。欠席や遅刻の連絡は，事前に家庭から学校へ届いていることもありますが，もしないときには，すぐに家庭に連絡し子供の安全確認をするようにします。

5 個別の配慮

　学校，家庭間で交わされる書類のほとんどは，子供が持ち帰り，提出します。管理が難しい子供には，ファスナー付きの透明の袋を用途別に用意し，その使い方に慣れるまでは教師や保護者が一緒に手伝うことも必要です。

（四方　康雄）

1月

📖「たぬきの糸車」（光村図書）

🦋 授業づくり【国語】
「たぬきの糸車」おかみさんになったつもりで日記を書こう

1 授業のポイント

　教師が用意した「おかみさんの日記」の間違いを指摘しながら，内容を読み取っていきます。

2 授業の流れ

①おかみさん日記の変なところは？ ------------------------------------

　子供たちが教材文をすらすらと読めるようになってから行います。

　「今日は，先生がおかみさんになりきって，一の場面があった日の日記を書いてきたよ」と言い，以下の間違いのある文を提示し，全員で音読します。

　ときどき，たぬきが　こやに　やってきます。
　たぬきが　いたずらを　するので，わたしは，とても　うれしいです。
　そこで，きょう，たぬきと　なかよく　なりたいと　おもい，
　わなを　しかけました。

　子供たちからは，「ええ～！」「これは，おかしいよ！」と声が上がるでしょう。

②変なところは？ ---

　隣同士で，教師の提示したおかみさん日記の変なところについて話し合わせます。その際に，「訳をつけて言えるといいね」と促しておきます。

　ペアでの話し合いののちに，全体で間違いを確認します。子供たちからは，「ときどきではなく，まいばんきている」「うれしいではなく，こまっているよ」「なかよくなりたいではなく，なんとかしたいじゃないかな」と，間違

142

いを指摘することでしょう。

③どんな気持ち？ --

ここで，「ええ，でも困っているとか書いてないよね。たぬきに会えてうれしかったのではないかな？」とゆさぶり発問をします。ここでは，たぬきのかわいらしさに共感しつつも，いたずらによって困っているおかみさんの気持ちをとらえていきます。

④おかみさん日記を書いてみよう --------------------------------------

最後に，「一の場面のときのおかみさんの気持ちを日記にして書いてみましょう」と投げかけます。子供たちは，教師の提示したおかみさん日記を参考にしながら，おかみさんの心情をまとめることで，読みを深めていくことでしょう。

3 ユニバーサルデザインの視点

まず，学習内容を「一の場面でのおかみさんの心情」に絞ります（焦点化）

そして，「おかみさん日記」という，間違いのあるしかけ文を提示し，全体で間違いを指摘しながらおばあさんの心情に迫っていきます。（視覚化）

終末場面では，「おかみさんの日記を書いてみよう」として，全体での読みを個人の中での読みにまとめていきます。（共有化）

4 苦手さのある子への配慮点

発表やおしゃべりはとても上手なのに，それを文字を使って文章として表現することがとても苦手なため，作品としてなかなか仕上がらない子供がいます。子供の話し言葉を教師がそのまま文字で表現した後，それを子供に書き写させたり，それも難しいときは作者名として自分の名前だけ入れさせたりします。「書けないこと」を「表現できないこと」にせず，「表現すること」そのものを嫌いにならないようにすることが大切です。

（笠原　三義・日野久美子）

3章　学級づくり・授業づくり12か月のアイデア　**143**

授業づくり【生活】
「新しい１年生を迎えよう」どうしたらわかりやすいかな？

1 授業のポイント

来年入学する年長児に，小学校生活について紹介する活動です。園児にもわかりやすい伝え方を子供たち同士で見つけ合いながら練習し，よりよい交流会にしようという意欲を高めます。

- いすの座り方
- 鉛筆の持ち方
- 話の聞き方
- 教科書の読み方　など

2 授業の流れ

①園児の具体的な姿をイメージする

子供たちは，新１年生に喜んでもらおうと意欲的に準備を進めますが，相手が園児であることの意識が低く，自分たちのペースで進めがちです。そこで，園児の具体的な姿を写真や動画で見せ，自分たちよりわからないことやできないことが多いことを確認したうえで，「園児にもっとわかりやすく伝えるにはどうしたらいいかな」と問いかけ，相手意識を高めて準備や練習に取り組めるようにします。

②それぞれの発表を見せ合う

グループで練習が進んできたら，１年生役と園児役，それを見る役と役割の順番を決めます（右下図）。スムーズに活動が進められるように，活動の流れ（①発表・聞く②話し合う③工夫する）も合わせて板書しておきます。声の大きさや速さ，言葉や動きなどの項目を挙げたチェック表を作成しておき，見る役の子供は，これを使いながら，１年生役の発表について観察します。その後，発表する人のよさを見付け

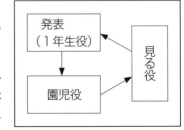

144

たり，さらによいものにするためのアドバイスをしたりさせます。机間指導しながら，園児のことを考えて発表する姿や友達の発表のよさを見付けて伝えようとする姿などを取り上げて具体的にほめ，他の子供にも，「自分もやってみよう」という意欲をもたせます。

グループ内での役割決めのときには，動作をする役割や友達と一緒に説明する役割など，その子供が自信をもって行うことができる役割になるよう配慮します。

③**友達の発表のよさやアドバイスを全体で共有し，グループで練習する**-----

「○○さんは，動きが大きくてわかりやすかった」「ゆっくり，聞こえる声で話したほうがいい」「言葉じゃなくて絵を使った方がいい」などと具体的に発表させ，教師が簡潔に板書します。それらをもとに，自分たちのグループに生かせそうな意見を取り入れて練習させます。ここでも，園児が相手であることを意識し，友達のアドバイスをもとに伝え方を工夫している子供をほめ，交流会への意欲を高めます。

3 ユニバーサルデザインの視点

園児にもわかりやすい発表の仕方を考えさせたり，友達の意見を取り入れて工夫したりさせます。(焦点化)

園児の姿がイメージしやすいように写真や動画を見せます。(視覚化)

チェック表や友達のアドバイスを全体で共有し，園児にもわかりやすくなるようにグループで練習させます。(共有化)

4 苦手さのある子への配慮点

人前で発表したり，大勢の中で活動したりすることが苦手な子供には，交流会当日のことも含めて，事前に本人や保護者と対処法を話し合っておきましょう。活動の一部だけの参加を認めたり，事前に必要な道具作りに参加したりするなど，その子供が意欲的に取り組むことができるような場面づくりに配慮することが大切です。

(妹尾知恵子・真子　靖弘・日野久美子)

保護者対応の工夫
授業・行事への協力のお願いをしよう

1 授業への協力

　1年生の授業では，学習や活動を進めるにあたって，保護者に協力をお願いすることがあります。事前に，週案や通信，学年で統一した文書でお願いしておくことで，スムーズな協力が期待できます。各家庭のいろいろな事情にも十分配慮し，協力が難しい場合もあることを理解しておきます。

　「生活科」では，「家庭で家族の一員として仕事を担う活動」「見学や体験，栽培活動など校外に出る活動」「秋祭りや発表会など授業参観を兼ねた活動」「生まれてから今までの育ちをふり返る活動」など，一緒に参加してもらったり，目的地と学校までの引率や見守りをお願いしたり，インタビューに協力してもらったりします。

　「図画工作」では，ペットボトル，トイレットペーパーの芯，空きビン，空き箱，プリンや飲料の空容器などを集めておいてもらう依頼をすることがあります。その場合は，ゆとりをもってお願いしておくことが大切です。以前，担任した保護者から，「笑い話ですけど，朝になってトイレットペーパーの芯が必要なことを思い出し，使っていた分の残りを全部腕に巻き付けて，慌てて用意しましたよ」と教えてもらったことがあります。

　毎日の宿題でも，国語の音読を聞いてもらう，算数の計算カードの問題を出してもらう，連絡帳にサインを書いてもらうなどもお願いすることがあります。保護者の負担が大きくなり過ぎないような工夫をしましょう。

2 行事への協力

　学校では，年間を通して様々な行事が予定されています。PTA から参加要請がされる場合もあります。学校からお便りやメールの一斉送信などで連

絡がいくこともあります。学級担任としても協力をお願いし，行事の後は通信などを利用して，協力していただいたことに感謝の気持ちを伝えるようにします。

　仕事の関係で，参加したくてもなかなか難しい保護者もおられます。職場に前もって休みを申請しなければならない場合もありますので，2か月前ぐらいには行事計画を知らせておくとよいでしょう。子供の出番に合わせた部分的な参加でも可能なように，プログラムを準備したり，活動のどのあたりが出番かを知らせたりすると喜ばれます。

　親子で一緒に何かするような活動では，子供がさびしい思いをしないように，誰の参加が可能か事前にアンケートをとっておくようにします。

　また，災害時に備えて，緊急時の迎えを依頼する訓練なども実施されることが多くなりました。あらかじめ，訓練の目的をきちんと伝えておくことで，協力を得やすくなるようです。

3　行事等を通して保護者をつなぐ

　各行事は，保護者同士が知り合いになったり，関係を築いたりするよい機会でもあります。

　行事の後は，保護者同士でおしゃべりに花が咲いていろいろな話が広まったり，参加していない保護者にも SNS などで情報が拡散したりすることもあります。楽しかった様子が伝わればよいのですが，そうとも限らないのが難しいところです。

　保護者同士のネットワークづくりがうまくいくように，担任としても協力しましょう。行事の際は名札を用意したり，積極的に保護者に声をかけたりして雰囲気を盛り上げるようにします。行事の後には，子供の感想や，連絡帳に書いてあった保護者の感想など，許可を得てから紹介すると様子が伝わります。「次回はぜひ参加してみたいな」という気持ちをもってもらえたらしめたものです。

（古賀　央子）

3章　学級づくり・授業づくり 12 か月のアイデア　**147**

2月 February
クラスづくりの要所
できていることの確認

1 今月のクラスづくり TODO

- ☑ わかっていると思い込まず，こまめな確認と必要な手立てを継続する。
- ☑ 課題の本来の目標以外の要求をしない。
- ☑ できるようになったことを喜び合う。

2 学校生活

　一人でできることが増え，いろいろなことを安心して子供に任せられるようになる時期です。しかしその分，担任は，「わかっているはず」「できるはず」と思い込んでしまいます。子供も，周囲に合わせてとりあえず返事をするなど，学習活動が形式的なものになっているかもしれません。本当にわかっているか，確実にできているかを確認するとともに，子供が自分の状態を客観視できるような工夫も必要です。

3 学級経営の勘所

①「わかりましたか？」「はーい！」に替わるもの ---------------------

　この時期であっても，教師の口頭のみでの説明を1回で確実に理解できるのは，学級の一部の子供ではないでしょうか。手順の板書，具体物の提示，ICT の利用等，情報を視覚化することは，子供にとってまだまだ必要なことです。集中力や聞き取る力を高める目的で意図的に聴覚による情報のみで提示する場合は，そのことを予め子供に伝えておかなければなりません。「先生の話を聞き取るぞ」という構えをつくるためです。担任の指示内容を子供に復唱させたり，友達の発言に続く内容を言わせたりすることは，子供自身が自分の理解度を確認するのに役立ちます。

148

②目標以外の要求をしていないか，指導のふり返りを

　子供がいろいろなことをできるようになると，担任はつい欲が出て，複数の要求をしてしまいます。例えば，「計算練習でブロックや補助図を見栄えよく描くよう指示する」「漢字練習でマス目からのわずかなはみ出しを何度も書き直させる」といったように課題の目標以外の要求をすると，子供は混乱して，学習のめあてを見失うことがあります。「計算の手順を覚える」，「正しい筆順で漢字を書く」など，学習課題にはそれぞれ本来の目的があります。それ以外の要素や見栄えの善し悪しは原則として問わず，必要であれば，課題を終えた後で伝えるとよいと思います。ねらいを絞った学習ができているか，本来の目的以外の要求をしていないか，進級を前に今一度，指導の仕方についてふり返ることが大切です。

③自分の成長　友達の成長

　どの子供も１年間で目覚しい成長をとげます。その内容や個人差は様々なので，４月からの個人内の変容を認めるようにします。「名前を漢字で書けるようになった」「ピーマンが食べられるようになった」など，１年生ならではの成長をともに喜びましょう。同時に，友達ができるようになったことにも目を向けさせます。自分や友達の成長を，カードに書いて贈り合うこともよいと思います。

友達からもらったカードの花束

4　個別の配慮

　体を動かすと脳が活性化して気持ちが切り替わり，集中しやすくなります。
　落ち着くことが難しい子供には，意図的に用事を頼むなど，席を立って体を動かせる機会を設けるとよいと思います。特定の子供だけでなく，全員で授業前に「その場かけ足」や軽いストレッチをすれば，体が温まり，集中も高まって一石二鳥です。

（中島　孝子）

🦋 仲間づくり SST
どんまいなわとび

1 ねらい

※般化につなげるSST。
- ☑ 友達を励ます言葉を知り，楽しいコミュニケーションをする。
- ☑ 友達からの励ましを受け入れる。

2 方法

〈準備物〉・どんまいカード（磁石つき）
〈場づくり〉・運動場 ・2チームに分かれて行う
〈内容〉
① 2分間の長縄をして，回数を数える（引っかかっても続けて数える）。
② 跳び終わった後，友達から「どんまい」と言われた人は，点数表にどんまいカードを付ける。
③ どんまいカードの数も跳んだ回数に加えてよい。

〈アレンジ〉
・長縄だけでなく，サッカーやドッチボールなど他のゲームにして実施することができる。

3 授業の流れ

① **導入の教示** ---

　何かを失敗したり，間違ったりしたときはどんな気持ちになるか，表情カードを使って説明します。そんなときに，「どんまい」「がんばって」という言葉を言われて，もやもやしていた気持ちが，なくなったり，頑張ろうという気持ちに変わったりした経験がないか尋ねます。一人一人にはそれぞれに

150

得意なことやそうでないことがあるので，あたたかい言葉を掛け合うことで，友達同士が仲良くなることができることを伝えます。

②モデリング・リハーサル

実際に教師が長縄を跳び，わざと失敗してみせて，「どんまい」と言う練習をさせます。リハーサルの始めは，教師から「どんまい」と声をかけてあたたかな雰囲気をつくります。

③フィードバック・般化

「どんまい」の他にも，友達にしてもらったり言ってもらったりして嬉しかったことをふり返らせます。また，教師から子供たちのよかったところを伝えます。声を掛け合うことを大切にしたいという意欲をもたせます。そして，般化につなげるために，「1週間のどんまいチャレンジ」を行います。学級にチャレンジ表を貼り，「友達から励ましてもらったとき」【資料1】「あたたかい言葉を使ったとき」【資料2】には，スマイルカードを貼らせます。学んだスキルを実際に使っていることを見えるかたちにします。帰りの会で，「今日は，○○さんが，どんまいと言ってくれました」と，紹介し合うようにすると，友達同士のあたたかな関係をつくることにつながります。

資料1

資料2

④指導上の留意点

チームで声を掛け合えているか，また，跳べずに困っている子供はいないかを観察します。

4 個別の配慮

子供によっては，縄に当たることを極度に怖がることがあります。縄をくぐったり，縄を止めて越えたりさせます。「くぐれた。励ましてもらったから，よかった」という成功体験を積ませるようにします。

（深海　春佳）

生活場面の指導
翌日への希望につながる帰りの会にしよう

1 指導のポイント

　帰りの会は，1日の学校生活を終えた安堵感の中で，その日の反省や連絡などを行い，その日全体を子供たちがふり返る大切な会です。1日の反省をする際は，悪かった点だけを出させるのではなく，よかった点を発表させるなどして，子供たち一人一人の心の安定を図り，翌日への希望につなげていくことが大切です。

2 会の進行について

　会の進行は，朝の会と同様に子供たちが行います。日直等によるローテーションで全員が経験できるようにしましょう。「次は，先生の話です。○○先生お願いします」など話し方を具体的に示した進行表を作成しましょう。また，どの子供も人前で話すチャンスだととらえ，「声のものさし」などを使いながら，その場に応じた声の大きさなども具体的に教えましょう。

進行役の子供たち

3 めあてのふり返りと次の日の見通し

　例えば，「チャイムが鳴ったらすぐに席に着こう」というその日のめあてのふり返りをするときに，「守れた人は手を挙げてください」という尋ね方ではなく，「全部守れた人」「半分ぐらい守れた人」「全部守れなかった人」と3段階ぐらいに分けて尋ねると考えやすくなります。また，「次は全部守れるようになろう」という意識につながります。

連絡ノートを書かせることを通して，次の日の見通しをもたせます。このとき，「持ってくるもの」⇒ⓜ，「しゅくだい」⇒Ⓛなど，簡単な記号を使うと，書くことの負担も軽減されます。また，連絡ノートのどこに書けばよいかわからず，無駄な空白がある子供もいます。連絡ノートを返却するときに，書き始めの位置に付箋やクリップを付けておいて目印にすると，スムーズに取りかかることができます。

4 お互いのよさを認め合うふり返り

子供たち同士がお互いのよさを認め合うふり返りも行いましょう。菊池省三先生の実践を参考にして行った「ほめほめシャワー」では，帰りの会の終盤で日直２人のよいところを他の子供たちに発表させます。それは，日直の仕事を１日頑張ったことに対するご褒美タイムです。日直は全員がローテーションとして取り組む当番活動ですので，すべての子供がほめられるチャンスになります。なんとか友達のいいところを探して発表しようとしますから，日頃の短所が長所に変わることもあります（「うるさい」（短所）⇒「号令の声がよく聞こえた」（長所））。子供たち同士がほめ合う活動の中から，担任が気付けなかった子供たちの良さに気付かされることもあります。

ほめほめシャワーの様子

5 個別の配慮

普段の会話は弾んでいるのに，人前で話すことが苦手で極端に声が小さくなる子供がいます。日直としてみんなの前で会の進行をするときには，２人組のもう１人の子供が代わりに話すことができるようにしておきましょう。日直の仕事を２人の力で補いながら果たす姿も，他の子供にとってよいモデルとなります。

（四方　康雄）

2月

📖「どうぶつの赤ちゃん」（光村図書）

🦋 授業づくり【国語】
「どうぶつの赤ちゃん」なきごえを入れよう

1 授業のポイント

　低学年の説明文では，問いと答えの関係を押さえることが大切です。本文にない文を加えて考えることで，説明の観点の共通性や問いと答えの関係に気が付くことができます。

2 授業の流れ

①どんな分け方かな？

　子供たちが教材文をすらすらと読めるようになってから行います。

　全文を全員で音読した後に，「子ねこぐらいの大きさ」「三十ぷんもしないうちにじぶんでたち上がる」などとライオンとしまうまの特徴をまとめたセンテンスカードを上下二つに分けて，黒板に貼っていきます。子供たちは，「どんな分け方で上下に分けているのかな？」「上が，ライオンで，下がしまうまだ！」などとつぶやきが出ることでしょう。途中からは，「このカードは上と下とどちらに貼ればいいかな？」と聞きながら貼っていきます。

　すべて貼り終えたところで，上段がライオン，下段がしまうまのことを表していることを確認します。

②なきごえは，入れてもいいかな？

　「調べてみたら，『しまうまの鳴き声は犬みたい』ということがわかったのだけど，鳴き声も説明に入れてもいいかな？」と問いかけペアで入れてよいかどうかを話し合わせます。

　考えが決まったら，なぜそう決めたのかを話し合わせます。「鳴き声もあると，説明がくわしくなる」というような肯定側の意見を受け止めながら，否定側の意見を取り上げていきます。否定側の意見としては，

154

- 鳴き声のことは,全体の問いにはない
- 片側だけに鳴き声を入れることがおかしい

などの意見が出ることでしょう。

③何が書かれている？

次に,ライオンとしまうまの説明部分には,何が,どの順番で書かれているかを板書をしながらまとめていきます。それぞれ,「目や耳のこと」→「体の大きさ」→「歩き方」→「おちちの飲み方」の順番に説明されていることから,鳴き声を入れることが適切でないことを確認します。

最後に,「説明は,どんな順番で書かれていましたか？ 隣同士で説明できたら座りましょう」と言って,個人でも確認をしましょう。

3 ユニバーサルデザインの視点

まず,学習内容を「問いと答えの対応と説明の順序」に絞ります。(焦点化)

そして,センテンスカードで説明文を提示することで,全体で同じカードを見ながら,その順番や是非について話し合います。(視覚化)

全体で確認した後には,ペア活動を行うことで,個人の読みをより深めていきます。(共有化)

4 苦手さのある子への配慮点

文章が長くなると,その中から大事な言葉や文をとらえることができず,話の内容をつかむことが難しい子供がいます。説明文では「問い」の文を色カードに書いて黒板に貼っておき,いつも立ち戻りながら考えさせることが大切です。また,大事な言葉や事柄を対比させる表現などには,色をつけたり印を付けたりするなど,わかりやすく読み取る工夫の仕方を,具体的に教えることも必要です。

(笠原 三義・日野久美子)

3章 学級づくり・授業づくり12か月のアイデア **155**

🦋 授業づくり【体育】
「ボール蹴りゲーム」いろんな的をねらって遊ぼう

1 授業のポイント

　1年生にとって，足でボールを扱うことはとても難しい動きの一つです。そこで，ボールに慣れる遊びを十分に行ったうえで，いろいろな場をつくり，チームでボール蹴りゲームを楽しませるようにします。

2 授業の流れ

①ボールに慣れる遊びを取り入れたウォーミングアップを行う ---------

　足を使ってボールを操作する動作を，友達と一緒に遊び感覚で楽しく取り組めるようなウォーミングアップを行います。例えば，ペアで交互にボールを踏み合う「踏みっこ遊び」。「1，2。1，2。」のリズムに合わせて最初は，ゆっくり，慣れてきたらスピードアップして行います。また，蹴って転がったボールを素早く動いて止める「コロコロストップ遊び」や「1，2，3」とリズムをつけてパスする「リズムパス遊び」「ドリブルストップ遊び」などいくつか取り入れて行います。やり方を説明するときは，教師がモデルを示し，イラストで説明したものを学習カードにも載せておきます。個々の実態や学習の段階によってレベルを下げたり上げたりしてみんなが楽しく活動できるような遊びにします。

②簡単な場でボール蹴りゲームを行う ------------------------------

　「力強く蹴る」「遠くまで蹴る」「ねらったところに蹴る」の観点から簡単な場を用意し，チームでボール蹴りゲームを行います。例えば，「力強く蹴る場」としてダンボールを積み上げたものにボールを蹴って崩す「クラッシュアウト」，「遠くまで蹴る場」として蹴った距離を競う「ロングシュート」，「ねらったところに蹴る場」としてボーリングやハードルなどをゴールとし

てねらう「コロコロトンネル」などが考えられます。

　最初のうちは，二つぐらいの場を設け，じっくり楽しめるような時間を設定します。チーム内で「蹴る」「ボールを拾う」「場を戻す」役割をローテーションし，協力してスムーズにゲームが楽しめるようにします。蹴る力が弱い子供には，的までの距離を短くしたり，蹴り方をアドバイスしたりするなどして，「的に当てることができた」という満足感を与えます。

③簡単なルールでボール蹴りゲームをする

　ボールを蹴る動きに慣れてきたら，得点や回数，的までの距離など簡単なルールを作りながらチーム同士で競い合うボール蹴りゲームを取り入れていきます。その際，チームの友達と仲良くすること，協力して道具の準備や後片付けをすること，安全に気を付けることなどの態度面の指導も大切になってきます。それらができている子供やチームを具体的にほめ，子供が勝敗ばかりに目を向けることのないようにします。

3　ユニバーサルデザインの視点

　様々な動きや場について，わかりやすくネーミングしたり，モデルを示したりします。（視覚化）

　的までの距離を短くするなど蹴る場所の選択肢を用意し，子供が自分の能力を考えて選択できるようにします。（焦点化）

　簡単なルールでボール蹴りゲームをして，楽しく活動させます。（共有化）

4　苦手さのある子への配慮点

　自分の思うように蹴ることができず，困っている子には，ボールの大きさや種類，的の大きさを変えるなどの工夫をします。また，順番やルールを守れなかったり，友達の邪魔になったりする子供には，その子供の思いをしっかり受け止め，「○○ができたらシール」カードを作り，ルールを守り友達と一緒に楽しく活動できるようにします。

2月

（妹尾知恵子・真子　靖弘・日野久美子）

保護者対応の工夫
ケガ・病気・トラブルは迅速に対応しよう

1 ケガの対応

　学校での活動は多岐にわたり，道具を使う授業もあるため，安全に気を付けていても，子供が思わぬケガをすることがあります。保健室で処置できる程度のケガの他に，病院の受診が必要な場合もあります。そのため，緊急時の保護者の連絡先を第3候補までくらい確認しておくと迅速な対応ができます。保護者に動揺を与えないよう配慮しながら，ケガをしたときの状況を正確に報告します。病院を受診してもらう際には，学校に戻れるか早退になるのかわからない場合もありますので，臨機応変に対応します。受診をしてもらった後は，診断の結果や学校での配慮事項を確認します。学校管理下のケガなので，各給付金等の問い合わせもあるかもしれません。

　保健室で処置したケガも早めに保護者へ連絡し，「子供に会ったのが夜で，そこではじめてケガのことを知った」ということがないようにします。上司にも報告し，学校への問い合わせに対応してもらいましょう。

　周囲の子供が帰宅後に不十分な説明をすることで，他の保護者に心配をかけることがないように，学級で経過等を正しく説明しておくことも大切です。

2 病気の対応

　病気の場合も，基本的な対応はケガの場合と同じです。1年生の場合，自分の不調をうまく伝えることができず，「眠い」とか「寒い」といったあいまいな表現をすることがあります。「何か様子がいつもと違うな」と感じたときは，注意深く見守りましょう。食事の量や検温の記録も，受診の際に参考にしてもらえます。

　ケガや病気に関しては，「自分の家族が同じ状況になったら」という意識

で対応すれば，気遣う言葉が自然にかけられると思います。その日のうちに，その後の様子をたずねる連絡を入れるようにしましょう。アフターフォローが，保護者との信頼関係を築くことにつながります。

3 トラブルの対応　学校での出来事

　一人相撲のケガではなく，相手がいる場合のケガの対応には別の配慮が必要です。見ていた子供から聞きとりをしたり，同じ状況を再現して確認したりして，経過を正確に把握します。当事者からの情報収集も行います。ケガをした子供からは事情を聞くのが遅くなりがちですが，なるべく早めに聞くことが望ましいです。事故が不可抗力なのか，そうでないのかにもよりますが，本人同士やおたがいの保護者にわだかまりが残らないよう，ていねいに誠実に対応します。「誰が悪い」ことを確認するのではなく，起きた出来事を時系列で整理することに重きを置きます。事実を確認したら，今後どうすればよいか，どんなことに気を付けたらよいか，対応の仕方を一緒に考えます。保護者に報告をした際に，「謝罪をしたいので，相手の連絡先を教えてほしい」と言われることがあります。その場で教えることはせずに，必ず相手に連絡し，許可を得てから連絡先を伝えるようにします。

4 トラブルの対応　学校の外の出来事

　学校の外で起きた子供同士のトラブルについては，時間が経ってから発覚し，保護者から報告が入ることが多いです。わが子の言い分だけにもとづいて判断し連絡されるケースもあり，双方から事情を聞くと食い違っていることがあります。学校の外ということもあり，道具の貸し借りや交換，中には金銭が絡んだものもあります。生徒指導担当や該当する子供の担任と連携しながら慎重に対応しましょう。学校での子供同士の関係に影響を与えることを考慮して，「保護者と一緒に解決する」という立ち位置で対応することが望ましいです。場合によっては専門機関と連携することも必要です。

（古賀　央子）

3章　学級づくり・授業づくり12か月のアイデア　**159**

3月 March

クラスづくりの要所
希望に満ちた「もうすぐ2年生」

1 今月のクラスづくり TODO

- ☑ 1年間のふり返りは学級目標を視点とする。
- ☑ 卒業式を乗り切る。
- ☑ 2年生の生活を教え希望をもたせる。

2 学校生活

　学習のまとめや生活のふり返り，6年生を送る会，卒業式の練習など，短期間にたくさんのことをこなさなければならない月です。ゆっくり別れを惜しむ時間もないほど忙しいのが3月ですが，多忙な中にも，1年間を思い出し，学級集団としての成長を喜び合う機会をつくっていきます。そのうえで2年生の生活を具体的にイメージさせ，期待感をもたせることが大切です。

3 学級経営の勘所

①学級目標を視点としたふり返り ------------------------------------

　自分のことで精一杯だった4月から，友達を意識し，認め合い，助け合えるようになった学級の歩みをふり返ります。1年生の記憶は断片的なので，写真や動画，作品等を順序よく示しながら，エピソードとともに思い出させることが効果的です。漫然と思い出を語るのではなく，「学習」「生活」「対人関係」など，学級目標を軸にふり返りの視点を与えるようにしましょう。毎日の帰りの会で数分間をふり返りの時間に充てると，負担なく取り組むことができます。1年間をふり返ることは，次の1年間を見通すことにも役立ちます。アルバム作りや，お世話になった方との感謝の会といった学年末の種々の活動は，国語や生活科等と関連付け，効率的に取り組むようにします。

②卒業式に向けて

　厳かな卒業式は１年生にとって高いハードルです。「６年生とのお別れ」「祝福や感謝の気持ちを態度で表す」といった行事の意義を伝え，お世話になった６年生のために頑張るという意欲をもたせましょう。全校練習の前に，教室で「練習の練習」をしておけば，見通しがもてます。その際，長くなりすぎないこと，よい点を見付けてほめることが大切です。６年生の卒業式ですが，それを乗り切ることは１年生からの卒業でもあります。卒業式に向かう毎日の中で，進級が近いことを意識させるようにします。

③希望に満ちた進級

　間近で２年生を見ていても，子供は２年生の生活を具体的に理解しているわけではありません。２年生にしてもらったことや一緒に行った活動を折に触れて話題にし，見通しと期待をもたせます。実際に２年生に話をしてもらうのは効果的です。新入生の手を引いて学校案内，大プールに挑戦，かけ算九九など，１年生は２年生の生活をイメージし希望を膨らませます。「そんなことでは２年生になれませんよ」より，「４月からみんな２年生ね。楽しみですね」と，子供が笑顔になれる声かけを心がけましょう。

堂々と話をする２年生

２年生の話に聞き入る１年生

4　個別の配慮

　周囲の子供の成長に伴い，自己コントロールの苦手な子供が以前より目立つようになることがあります。特に，卒業式の練習等，全校で集まる際に顕著になります。予定表や安心できるグッズを持たせるなど，本人への手立てをとりつつ，周りへの理解を求めることが大切です。次年度への引継ぎ資料に，子供が困る場面，有効だった手立て，そのときの変容，適切でなかった対応等が具体的に記載されていると，次の担任がその子供への具体的な対応を考えやすくなります。

（中島　孝子）

⏱ 30分

🍀 仲間づくり SST
思い出バスケット

1 ねらい

※下記の力を互いに高める。
- ☑ 友達と自分の同じところや違うところがあることに気付き，仲間づくりに生かす。
- ☑ 相手に関心をもって，共感しながら聞く態度を養う。

2 方法

〈準備物〉・思い出シート（①学校の好きな場所，②好きな教科，③楽しかった行事を事前に書かせておく）

〈場づくり〉・教室の机をさげて，椅子を円にする

〈内容〉
①オニを１人決め，円の中央に立ち，学校の好きな場所を言います（２回目は好きな教科，３回目は楽しかった行事と，変えていきます）。
③他の子たちは，オニと同じだったら別の椅子に動きます。オニは空いた椅子を見付けて座り，座ることができなかった人が次のオニになります。
④「思い出バスケット」と言ったら，全員が動きます。

〈アレンジ〉
・思い出シートの項目を変更して，実施する。

3 授業の流れ

①導入の教示

　２人の人物の絵カードを見せて，同じところを探します。次に，学級の子供の２人の写真を提示して，似ているところはどこだろうと尋ねます。２人

とも実は，どちらも「好きな場所が○○」または，「思い出の行事が○○」と同じだったことを伝えます。目に見えるだけでなく，友達同士で同じところもあることに気付かせます。友達の話を注意深く聞くことで，自分と似ているところを探すことができることを伝えます。

②モデリング・リハーサル

まず，教師が，オニになってやってみることがよいでしょう。リハーサルでは，思い出シートを持って活動させると，取り組みやすいです。

③フィードバック・般化

ふり返りでは，「○○さんと〜が同じでした」と気付いた友達との共通点を挙げさせます。1年生の最後の月に，自己理解と他者理解のスキルの中でも，友達と自分には似ているところや同じところがあることに気付くことは大切です。仲間意識をもって，次の学年へと安心して進級していくことにつながります。般化においては，思い出バスケットで使った自己紹介シートを教室に掲示して，友達はどんなことが好きだったのかなと，自分と比べながら友達のことに関心をもてるようにします。友達と同じところがあったときには，「いっしょだねカード」を作り，休み時間に友達同士で交換し合うことで，仲間意識を大切にさせます。

④指導上の留意点

オニになりたくて，遅く椅子に座ったりすることのないように，オニは2回までなどとルールを決めておくとよいでしょう。

4 個別の配慮

友達の気持ちを想像することが苦手な子供でも，1年間のたくさんの同じ体験の中から，思い出シートに自分と同じ内容を取り上げた友達がいることは理解できます。自己理解や他者理解の一歩として大切にしたいものです。

（深海　春佳）

🦋 生活場面の指導
2年生へステップアップできる1年間のふり返りをしよう

1 指導のポイント

　学年末，1年間のふり返りの時期です。生活場面の指導においても子供たちとともにふり返りを行い，一人一人の成長を確認することは大切です。そして，子供たちの個や集団としての成長を認めながら2年生へとステップアップさせましょう。

2 できるようになったことをしっかり伝える

　1年間で子供たちは大きく成長します。その成長に子供自身が気付くためには，担任が一人一人にわかりやすく伝えることが大切です。「廊下の歩き方がよくなったよ」「返事の声が大きくなったね」と直接，子供たちに語り掛けましょう。自分の成長に気付くだけでなく，自分のことを先生に見てもらっているという安心感を感じることでしょう。

3 学級全体のふり返り

　個人のふり返りとともに，学級全体で生活場面のふり返りをしてみましょう。2年生に進級する前に，もう少し子供たちに身に付けてほしいところを項目に挙げた「ふり返りカード」を作ります。この項目を子供たちに考えさせ話し合わせる活動を取り入れれば，「頑張ろう」という意欲につながります。そして，毎日の帰りの会の中などで，項目ごとにどれだけできるように頑張ったか子供たちに問いかけ，◎○△でそれぞれの人数を記入していきます。◎の人数が増える様子から，子供たちは学級全員で目標を達成する喜びを感じるようになります。「自分のこと」と合わせて，「学級」という集団にも目を向けさせながら取り組ませましょう。

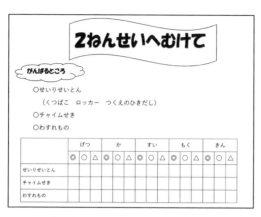

学級全体の「ふり返りカード」の例

4 お互いに助け合う大切さ

　例えば，掃除の指導では，ほうきを使った掃き方や雑巾がけの仕方など，やり方を示しても，上手くできない子供もいます。そのようなとき，教師が直接関わることも大切ですが，子供たち同士で助け合うことも同時に教えましょう。「手伝ってほしいな」に対して「いいよ」と言い合える関係は，人間関係づくりの大切な要素です。このような助け合いが，それぞれの得意なことや苦手なことなど，相手を理解することにつながります。雑巾を上手くしぼれない子が入れば，上手くしぼれる子が代わりにしぼってあげればよいのです。手伝ってもらった子は「ありがとう」と感謝の気持ちを相手に伝えます。手伝ってあげた子は，「ありがとう」の言葉に満足し，人の手助けをする喜びを感じるようになります。子供たちと一緒に活動する中で，このような子供たち同士をつなぐことも教師の大切な役割です。

5 個別の配慮

　生活面での遅れや苦手さに配慮してきた子供の成長の様子を，家庭にも具体的に伝えましょう。その子供の成長を学校と家庭で互いに見守ってきたことを確認することが，2年生の学校生活への期待につながります。(四方　康雄)

3月

3章　学級づくり・授業づくり 12 か月のアイデア　**165**

「たんぽぽ」（光村図書）

授業づくり【国語】
「たんぽぽ」ぴったりの名前を考えよう

1 授業のポイント

　学年のまとめの３月です。子供たちとの別れの前に、「たんぽぽ」の詩からアナグラム（字の組み換え）の表現を学び、クラスの仲間の名前を組み替えて遊ぶ活動を紹介します。子供がお互いの名前に注目し、クラスの仲間を忘れなくなることでしょう。

2 授業の流れ

①たんぽぽはあと何人いる？

　「たんぽぽ」（川崎洋）の詩を使用します。
　「今日は、もうすぐ春だから春の植物が題名になる詩を勉強するよ。何かわかるかな？」と言いながら、「おーい」と呼びかけた後の最後のところを「　？　」とした詩を提示します。
　そのうえで、「「　？　」の部分は次の三つのうちどれでしょう？」と問い、「たろう」「ぽたぽん」「たぽたぽ」を提示します。子供からは、「太郎は３文字で違う」「たぽたぽは、入れ替えてもたんぽぽにならない」などと意見が出るでしょう。言葉を入れ替えて別の意味にすることを「アナグラム」ということを確認します。
　そして、「名前は、あといくつあるでしょう？」と問い名前探しをさせます。

②ぴったりの名前は？

　名前探しでは、詩に使われている名前以外にあと八つあります。それぞれ、小さなカードに書いて黒板に貼っていきます。
　全部出たところで、「この「　？　」に入ると面白いものはどれかな？」と問

います。子供からは，多様な意見が出るでしょう。カードを ? の部分に合わせて貼り替えることでいろいろな名前を試していきます。ここでは，縦だけでなく，横のアナグラムの成立する「ぽたぽん」を答えとして提示します。

③アナグラムあそび「１年○組の詩をつくろう」

たんぽぽの詩でアナグラムも仕組みを理解したところで，先生の名前をアナグラムを使って別の言葉にして子供たちに提示しましょう。そして，自分や友達の名前を入れ替えて，１年○組の詩を作ろうと呼びかけます。

濁点，半濁点などを入れたり，少しだけ変えることもありとルールをゆるめてあげたりすると，アナグラムの楽しさを味わうことができるでしょう。

友達の名前を覚えることにもつながり，楽しい活動になることでしょう。

3 ユニバーサルデザインの視点

まず，学習内容を「アナグラム表現の楽しさ」に絞ります。（焦点化）

そして，しかけ文の提示，間違った名前や子供が見付けたカードで提示することで，考える材料とします。（視覚化）

実際に友達の名前や自分の名前のアナグラムを作る活動を通じて，学びを確かなものにしていきます。（共有化）

4 苦手さのある子への配慮点

１年生では平仮名・片仮名・漢字などの文字の学習だけでなく，長音・拗音・促音・撥音などの特殊な表記についての習得も求められます。学年末のこの時期には，このような文字の読み書きの習熟に大きな個人差が見られ，国語をはじめ学習全般の関心・意欲へ影響することもあります。

ただ繰り返し書いて練習させるだけでなく，イラストと文字を組み合わせて単語として読み慣れさせたり，文字の成り立ちの意味と結び付けたりするなど，その子供にとって覚えやすい方法を教師が見付けることも大切です。これを２年生の担任に引き継ぐことが，子供の学習意欲につながります。

（笠原　三義・日野久美子）

🦋 授業づくり【生活】
「もうすぐ2年生」1年間をふり返ろう

1 授業のポイント

　写真を見て1年間をふり返り，友達と一緒に，楽しい思い出がたくさんできたことに気付かせていきます。

2 授業の流れ

①1年間の活動や行事を思い出す -----------------------------------

　1年間を思い出すときには，手がかりとなるものが必要です。黒板に「春・夏・秋・冬」と提示し，電子黒板を用いて写真のスライドを使ってふり返ります。また，それぞれの行事の自分の姿を思い浮かべることができるように，1年間の生活科カードを用いましょう。

②自分の「思い出ベスト3」を選ぶ -----------------------------------

　思い出した行事や活動の中から，三つを選択し，ワークシートに記入させます。始めから一人一人に三つ選ばせるのではなく，「一番楽しかったこと」「一番頑張ったこと」「友達に助けてもらったこと」「できるようになったこと」と具体的なキーワードを提示します。そして，一つ一つのキーワードごとに，教師が尋ねて，子供がそれに当てはまる行事を自由に選び，手を挙げて発表させます。キーワードは，子供たちが選ぶヒントにするものです。まずは，自分なりの理由をもって，楽しかった行事を子供が選んでいる姿を大切にします。選択する

> じぶんの　おもい出ベスト3を　えらぼう
> 1 ＿＿＿＿＿＿＿＿＿＿＿
> 2 ＿＿＿＿＿＿＿＿＿＿＿
> 3 ＿＿＿＿＿＿＿＿＿＿＿
>
> えらぶときの　ヒント
> ☆たのしかったこと
> ☆じぶんが　1ばん　がんばったこと
> ☆ともだちに　たすけてもらったこと
> ☆できるようになって　うれしかった
> 　こと

168

ことが苦手な子供も友達が選んだ思い出や，その理由を聞いて，ワークシートに三つを選ぶことができます。

③グループの友達に紹介し，グループの思い出ベスト３をつくる ------
　ワークシートを使って，４人グループで紹介し合います。それぞれの思い出やそれを選んだ理由を伝え合った後，グループで春・夏・秋・冬の思い出を決めていきます。提示したキーワードに当てはまるものをもとに，全員で選ぶことで，お世話になった人への感謝の気持ちや自分の成長について気付きが深まります。それぞれのグループで紹介し合ったり，グループの思い出を１枚の模造紙にまとめて教室に掲示したりして，楽しい思い出がたくさんできたことをふり返らせましょう。１枚の模造紙にまとめる際は，一人一人の思いを大切にするために，一生懸命書いてきた生活科カードを一人１枚選んで貼らせるとよいでしょう。

3　ユニバーサルデザインの視点

　１年間を具体的にふり返らせるために，行事の写真を提示したり，生活科カードを用いたりします。（視覚化）
　思い出をふり返る視点を「キーワード（選ぶときのヒント）」として提示します。（焦点化）
　自分が選んだ思い出とその理由を伝えさせます。また，友達と一緒に思い出をふり返り，グループで思い出ベスト３を決めさせます。（共有化）

4　苦手さのある子への配慮点

　自分が選んだ思い出を友達と伝え合う際に，選んだ理由まで伝えることができない子供がいます。安心してグループでの発表に参加できるように，どこまでできるか事前に把握しておき，ワークシートに選んだ理由をメモしておいたり，担任が代弁したりします。

（深海　春佳・日野久美子）

3月

保護者対応の工夫
保護者からの相談・要望や苦情には校内で相談しながら対応しよう

1 保護者からの相談

　はじめての子供を小学校に通わせる保護者は，保護者の立場としてはまだ「１年生」です。保護者同士の会話やインターネット上にあふれる情報に不安をかきたてられて，学校に相談してこられることがあります。

　学級全体の中で見れば気にならない言動でも，保護者からすれば気になられることもあるようです。以下のような流れをイメージして対応するとよいでしょう。

①どんな相談か，主な内容を確認する。

②保護者の都合をうかがって，相談日を決める。

③上司と学年主任，内容によっては養護教諭や特別支援教育コーディネーターなどにも相談を受けることを知らせる。

④相談に向けて準備する（子供の観察，聴き取りによる情報収集，ワークシートや作品を保管しておく）。

⑤当日は，落ち着いて話ができる場所で相談を受ける（終了時間の目安を伝え，許可を得てから記録をとりながら話を聞く。記録に熱心になるあまり，話の聞き方がおろそかにならないようにする）。

⑥学校と家庭の両方で，誰が，いつ，どこで，どんな関わりをするか，いつまで（期限）行うのかを提案する。「１か月後にまた話をしましょう」のような見通しをもつ。

　相談内容については，守秘義務を守ることを約束します。上司や学年主任には報告をしておきます。上記の⑥で保護者と話し合ったことをもとに，特別支援教育コーディネーターに相談します。今後の支援や対応の方向性，評価のあり方を考えるケース会議を開いてもらうようにします。

170

2 要望や苦情の対応

　保護者からの相談が要望や苦情の場合，なるべく早く対応することが望ましいです。急ぎの事実確認が必要かもしれませんし，対応の遅れが不信感を招くことは好ましくないからです。

　対応の際は，時間帯・参加者の確認・話し合いの場・相談者と対峙しない座り方・服装などにも配慮します。

　誤解や推測があるかもしれませんし，理不尽なことを言われるかもしれませんが，相手の話は腰を折らずに最後まで耳を傾けます。

　改善に向けて，①事実の確認，②具体的な対応の提案，③いつまでにどうするか見通しの提示という流れで対応します。子供同士のトラブルのように相手がいる場合は，相手側からの聞きとりも必要になりますが，双方の食い違いを担任が埋めようとすると板挟みになりかねません。いずれにせよ，話し合いには記録を兼ねた同席者がいることが望ましいです。苦情の対応は心身ともに疲弊することかもしれませんが，トラブルをきっかけに信頼関係を深めることもあります。上司や学年主任に相談しながら，大きなトラブルに発展しないよう対応します。しかし，学校の守備範囲を超える無理難題の場合は，担任一人で抱え込まず，専門機関とも連携することが大切です。

3 保護者への相談

　逆に，学校側から保護者に話をしたいことがある場合，子供のことが「（多少の差はあれ）気になっている」保護者と「（特に，または全く）気になっていない」保護者に分かれることが考えられます。気になる情報は，日頃から小出しに伝えておくことが大切です。しかし，保護者にとって学校からの電話や連絡帳がストレスになるということがないように，よい情報もこまめに伝えます。「お子さんのために，学校と家庭で手を携えていきましょう」というスタンスで対応すれば，解決に向けてよい方向で進めるでしょう。

（古賀　央子）

おわりに

　『ユニバーサルデザインの学級づくり・授業づくり12か月のアイデア事典』をお届けします。本書は，小学校の各学年に応じたユニバーサルデザインの学級づくり，授業づくりについてまとめていることに特徴があります。近年，授業のユニバーサルデザイン化という言葉とともに，全国のあちらこちらの学校で取組を耳にするようになりました。もともとユニバーサルデザインとは，ノースカロライナ州立大学のユニバーサルデザインセンター所長のロナルド・メイス氏が「できるだけ多くの人が利用可能であるようなデザインにする」ということを基本のコンセプトとして，建築や施設などのハード面について提唱したものです。できるだけ多くの人が利用可能という点に，障害者に限定したバリアフリーとの違いがあります。

　授業のユニバーサルデザインとは，施設設備等の環境にとどまらず，学習目標や学習方法，教材教具，評価方法など様々な面に特別支援教育の視点を取り入れた「より多くの子供たちにとって，わかりやすく，学びやすい授業のデザインであり，わかった，できたという実感がもてる授業デザイン」と考えられます。

　しかし，はじめからどの子供にも，どの学級にも当てはまるユニバーサルデザインの授業はできません。本書にあるようなユニバーサルデザインにするための基本的な考え方を押さえた上で，学習面に課題のある子供の個々の学び方の特性や，学級全体の学習の取組に関する傾向などの実態を十分に把握することから始まります。方法や手立てが先にあるのではなく，子供や学級の実態があり，どのような方法や手立てが効果的なのかをそれらの実態に合わせて考えていくことが大切です。

　本書は3つの章で構成されています。第1章では，学級づくり・授業づくりの基礎基本として，各学年の発達段階を押さえます。第2章では，学級づくり・授業づくりのポイントを示しています。そして，第3章では，1年12

か月の流れに沿って計画的に進めるためのアイデアを具体的に載せています。

　小学校は多くの子供たちが，6年間という長い期間を同じ学校で授業を受け，一緒に生活していきます。善悪の判断ができるようになり，集団や社会のルール等の規範意識の基礎が形成され，学習能力については言語能力の高まりとともに抽象的な思考が可能になるなど，飛躍的な成長を遂げる6年間でもあります。ユニバーサルデザインの学級づくり・授業づくりを進めるためには，各学年における子供の発達段階の違いを押さえておくことがとても重要になります。

　学級づくりや授業づくりは，研修や文献などで自己研鑽を積むことはもちろんですが，実際に学校現場において実践しながら学ぶことのほうがはるかに多くあります。自分の授業の特徴について客観的に振り返ることが授業改善や授業力向上の第一歩ともなります。わかりやすい授業とは教師の指導のしやすさではなく，子供が学びやすいということであり，子供に応じたわかりやすさの追求が指導力の幅を広げていきます。どの子供にもわかりやすいユニバーサルデザインの視点で，教師がお互いに授業を見合い，気付いたことを話し合い，授業の改善を目指すような研修会や研究会も，学校全体の指導力，教育力を高めることになります。本書がそのような取組の参考として活用されることを望んでいます。

　最後に，本誌は『LD，ADHD & ASD』編集部で作成しました。特別支援教育士資格認定協会の機関誌でもある『LD，ADHD & ASD』は，発達障害のある子供の多様な学びの場を支える雑誌です。「その子に合った学び方を見つけたい！」「今，教室で求められる支援とは？」についての手がかりが満載されている雑誌ですので，ぜひこちらも手に取っていただければ幸いです。

『LD，ADHD & ASD』編集長　笹森　洋樹

参 考 文 献

- 桂聖著（2011）『国語授業のユニバーサルデザイン―全員が楽しく「わかる・できる」国語授業づくり』東洋館出版社
- 桂聖編著／授業のユニバーサルデザイン研究会沖縄支部著（2013）『教材に「しかけ」をつくる国語授業10の方法 文学アイデア50』東洋館出版社
- 桂聖編著／授業のユニバーサルデザイン研究会沖縄支部著（2013）『教材に「しかけ」をつくる国語授業10の方法 説明文アイデア50』東洋館出版社
- 桂聖著（2006）『クイズトーク・フリートークで育つ話し合う力』学事出版
- 授業のユニバーサルデザイン研究会監修／桂聖，廣瀬由美子編著（2012）『授業のユニバーサルデザインを目指す国語授業の全時間指導ガイド　1年』東洋館出版社
- 佐藤愼二著（2014）『実践通常学級ユニバーサルデザイン1 学級づくりのポイントと問題行動への対応』東洋館出版社
- 佐藤愼二著（2015）『実践通常学級ユニバーサルデザイン2 授業づくりのポイントと保護者との連携』東洋館出版社
- 東京都日野市公立小中学校全教師，東京都日野市教育委員会，小貫悟編著（2010）『通常学級での特別支援教育のスタンダード』東京書籍
- 上野一彦監修／岡田智・森村美和子・中村敏秀著（2012）『特別支援教育をサポートする図解よくわかるソーシャルスキルトレーニング〈SST〉実例集』ナツメ社
- 奥清二郎・TOSS大阪なみはや共著（2009）『学級経営の急所これだけはしてはいけない小学1－2年編』明治図書
- 小貫悟・桂聖著（2014）『授業のユニバーサルデザイン入門』東洋館出版社
- 吉田瑩一朗・三木とみ子著（2016）『からだと心の成長』教育同人社
- 安住ゆう子・三島節子著（2009）『教室・家庭でいますぐ使えるSST』かもがわ出版

【執筆者紹介】（執筆順，所属は執筆当時）

日野久美子	佐賀大学教授
花熊　　曉	関西国際大学教授
桂　　　聖	筑波大学附属小学校
山口　純枝	愛知県名古屋市教育委員会主任指導主事
伊東　一義	佐賀県教育センター指導主事
中島　孝子	佐賀県鹿島市立浜小学校
深海　春佳	佐賀県武雄市立北方小学校
四方　康雄	佐賀県嬉野市立五町田小学校
笠原　三義	埼玉県戸田市立戸田第二小学校
妹尾知恵子	佐賀県小城市立小中一貫校芦刈観瀾校
真子　靖弘	佐賀県小城市立小中一貫校芦刈観瀾校
古賀　央子	佐賀県佐賀市立北川副小学校

【監修者紹介】
上野　一彦（うえの　かずひこ）
東京学芸大学名誉教授

【編著者紹介】
日野　久美子（ひの　くみこ）
佐賀大学教授

『LD，ADHD & ASD』編集部
（LD，ADHD & ASDへんしゅうぶ）
編集長＝笹森洋樹（特別支援教育総合研究所上席総括研究員）

『LD, ADHD & ASD』
季刊（3・6・9・12月）27日発売

［本文イラスト］　みやび　なぎさ

ユニバーサルデザインの学級づくり・授業づくり
12か月のアイデア事典　小学校1年

2018年3月初版第1刷刊	©監修者	上　野　一　彦
	編著者	日　野　久美子
		『LD, ADHD & ASD』編集部
	発行者	藤　原　光　政
	発行所	明治図書出版株式会社

http://www.meijitosho.co.jp
（企画）佐藤智恵　（校正）川村千晶
〒114-0023　東京都北区滝野川7-46-1
振替00160-5-151318　電話03(5907)6703
ご注文窓口　　　　　電話03(5907)6668

＊検印省略　　　　組版所　中　央　美　版

本書の無断コピーは，著作権・出版権にふれます。ご注意ください。

Printed in Japan　　　　　ISBN978-4-18-291112-5
もれなくクーポンがもらえる！読者アンケートはこちらから　→